杰出人物的青少年时代

[文库]

牛顿

张燕波——编著

中国青年出版社

Is. Newton.

艾萨克·牛顿爵士

Sir Isaac Newton

1643年1月4日～1727年3月31日

英国皇家学会会长，英国物理学家、数学家、天文学家、自然哲学家，著有《自然哲学的数学原理》和《光学》两部巨著，被誉为“物理学之父”。他发现的运动三定律和万有引力定律，为近代物理学和天文学奠定了基础；他发明了反射望远镜，并基于对三棱镜将白光发散成可见光谱的观察，发展出了颜色理论；在数学上，他与戈特弗里德·威廉·莱布尼茨分享了发明微积分的荣誉。他的众多理论开启了科学革命的进程，促进了工业革命的诞生。2005年，英国皇家学会进行了一场“谁是科学史上最有影响力的人”的民意调查，牛顿力压爱因斯坦获得殊荣。

前言

中世纪（公元 5 ~ 15 世纪）的欧洲处于天主教强权统治之下，思想禁锢，科学发展停滞，生产力低下，战争和疾病的愁云惨雾笼罩整个大陆，史称“黑暗时代”。公元 14 ~ 16 世纪，自意大利兴起的“文艺复兴”运动散播欧洲各地，在思想文化层面开启了人类社会的新篇章，也奏响了“黑暗时代”的挽歌。人类又迈出了探索世界的步伐，被称为“地理大发现”的“大航海时代”拉开帷幕。

1514 年，波兰天文学家哥白尼发表了他的伟大著作《天体运行论》。该书提出的“日心说”对古希腊欧多克斯、亚里士多德和托勒密等先贤建立的、统治哲学思想界长达 1300 年的“地心说”发起了颠覆性的挑战。1600 年 2 月 17 日，哥白尼“日心说”的捍卫者——意大利天文学家布鲁诺被宗教裁判所判为“异端”，于罗马鲜花广场施以火刑。

随后的 17 世纪被史学家称为“天才的时代”，但同时也是“混乱的时代”。出于对中世纪经院哲学的质疑和对自然科学的热衷，许多人开始在黑暗中摸索，试图找到宇宙的真正奥秘以及能够解释它的普适法则。在彼时的欧洲，自然科学与神学巫术混淆不清，天才与疯子同处一室，天文学与占星术不分彼此，炼金术和化学实验同出一门。在混乱甚至疯狂的探求中，自然哲学领域诞生了一大批真正的科学斗士——培根、第谷、开普勒、伽利略、笛卡尔、波义耳，等等。他们逐渐在黑暗中找到一段段路径，搭起一级级阶梯，及至触碰甚至撼动了通往宇宙奥秘的那扇大门——门上写着“现代科学”，而最终奋力推开这扇光明之门的是一个英国人——艾萨克·牛顿。

艾萨克·牛顿（1643 ~ 1727）在自然科学领域里的伟大著作、学术地位及对后世的影响，如今已成定论。他的论著和思想代表了当时自然哲学的巅峰水准，成为他身后一大批伟大科学家的学术启蒙，更是数学、物理学、化学、天文学以及众多分支科学的理论基础。基于他的理论而发展出的实际应用，引发了改变人类社会进程的伟大的“工业革命”，直到今日，仍体现于我们日常生活的点点滴滴中，而不仅仅是出现在教科书上。

今天的我们如何认识这位伟大的科学家呢？关于牛顿的传记著述颇丰，研究文献更是汗牛充栋，但似乎都难以于方寸之间尽展其波澜壮阔的传奇一生。本书另辟蹊径，选取牛顿人生中关键的10年，顺着他的人生轨迹，聚焦于他青少年时期的成长节点，以更为简洁真实的叙述，为读者展现出牛顿走向“现代科学”之门的清晰足迹。希望广大青少年学子能从中获得启迪、引发思考。

目录

我们在解释一个奇迹时，
不必害怕奇迹失踪。

——

克里斯托弗·雷恩爵士
（英国建筑学家）

自然与自然律隐没于黑暗。
上帝说，
让牛顿去吧！
于是万物一片光明。

——

亚历山大·波普
（英国诗人）

第一章

1643

生于离乱

1643年1月4日

伍尔斯索普庄园

在凛冽冬日的凌晨，这个有着百年历史的庄园二层的一间卧室里，女主人汉娜·艾斯库·牛顿诞下一个男婴。然而，那撕破晨曦的婴啼并没有给这个家带来迎接新生命的喜悦。初为人母的汉娜满面愁容、心生怜爱地看着襁褓里的早产儿：他是那么孱弱、瘦小，弱到不堪触碰，小到可以装进1升大的罐子里。赶来帮忙的汉娜的母亲马杰里·艾斯库和雇来的两位农妇一阵忙乱，不时低语。而汉娜的烦恼远不止于对新生儿健康的担忧。

早产的遗腹子

伍尔斯索普位于英格兰东部林肯郡格兰瑟姆镇以南 11 公里处的威特姆河西岸河谷，是一个由田园聚集而成的自然村落。此地风景优美、视野开阔、恬静安宁，但是土质不够肥沃，农耕歉收，以致当地农民只能采用土地轮耕和畜养绵羊来维持生活。

牛顿家族的祖先们自苏格兰迁徙到这里，经过几代人近一个世纪的苦心经营，把家族从普通农民阶层提升到拥有 24 公顷良田的富裕自耕农阶层。到了罗伯特·牛顿这一代，他买下了农田附近一座古老破败的庄园，修葺后即作为家族成员的居所。在经济状况改善的同时，他也想进一步提升家族的社会地位和文化底蕴。于是他促成了儿子艾萨克·牛顿和汉娜·艾斯库的婚姻。艾斯库家族是当地受人尊敬的没落贵族，家中男子均出身于牛津大学或剑桥大学，毕业后的职业不是牧师就是教师。但随着家中出现变故，家族经济状况和社会地位均有下滑。所以汉娜于 1642 年春下嫁给有钱的文盲艾萨克也就顺理成章了。

当年的春夏之交，英国政局开始动荡。英王查理一世与议会的矛盾一触即发，罗马天主教和英国国教冲突不断，于是在 8 月 22 日爆发了保王派和议会派长达 9 年的内战。虽然伍尔斯索普村并没有受到战火的直接蹂躏，但谁也不能在乱世独善其身，平静的乡村生活也必定受到影响。

在 10 月著名的“埃奇山战役”前几天，艾萨克突然去世，年仅 36 岁，留下了怀有身孕的妻子汉娜。丈夫

*

牛顿出生在伍尔斯索普庄园二层的一间卧室里

*

牛顿出生的卧室内景

留下的遗产可保家人衣食无忧，其中包括庄园、土地、农具合计价值400多英镑，另有200多头羊和40多头牛以及几个谷仓的存粮。这相当于普通自耕农家庭财产的5～6倍之多。

尽管如此，身处战争频仍的乱世，要维持日常的农事、管理庄园事务，还要养育早产孱弱的遗腹子，对汉娜来说，即便有父母的扶持，终究也不是一件易事。她不由得再次端详起生不逢时的婴儿：难道丈夫猝然卸下的家族重担就要早早落在这个弱小的孩子身上？于是喃喃地说道："也叫你艾萨克吧……"

关于艾萨克·牛顿出生时的传说有很多版本，分别来自其族人、亲戚以及一些传记作者甚至包括他自己。传说大多是要把圣人的出世注入神秘感和使命感，或是演绎得更加苦难不堪。例如，以当时英国老百姓使用的儒略历法计算，牛顿的生日是1642年12月25日，也正是耶稣诞生日，这无疑给他的出生增添了神秘的宗教隐喻。这是全人类喜闻乐见的操作，以此表达圣人"生而伟大"的观念。但实际上，我们更应该客观地看待他所处的时代特点、社会环境以及家庭情况，这有助于对他一生形成的性格特征、是非功过，有更客观、更理性、更有逻辑性的理解。

小牛顿的出生虽然没有那么传奇抑或是多么困苦，但是对任何一个小孩子来说，生来就没有父爱，体格孱弱，他的成长必定会不够完美，也必定会充满波折。而这点困难还只是他一生中遭遇身心坎坷的开端。很快，第二个打击就不期而至，小牛顿又失去了母爱。

母亲改嫁

在小牛顿出生后，虽然家里因没有男主人而困难重重，但通过外祖父母责无旁贷的扶持以及族人的帮衬，农庄的工作和生活逐渐走回正轨。母子俩的平静生活只维持了三年，就被一封来自16公里外的北威特姆村的求婚信打破了。63岁的教区牧师、老鳏夫巴纳巴斯·史密斯通过仆人传递了爱意。汉娜对这突兀的事件始料未及而不知所措，遂找来娘家人商量对策，最终同意了这门婚事。牧师家境优渥、职业高贵且并无子嗣，对年轻的寡妇汉娜来说，嫁给他不失为一种不错的人生选择。但不可思议的是，双方的婚约内容之一是：小牛顿不能随母亲搬过去居住，而是留在牛顿家的老宅。

后世对这件事颇有微词，质疑母亲汉娜和史密斯牧师近乎残忍的不通人情，也有说法是牛顿家族基于保留家族血脉及财产做出的决定。我们无从得知事实真相，只能和当时的小牛顿一样，接受这个残酷的事实。而先后失去父爱和母爱，肯定对幼年牛顿的性格养成有着区别于普通孩童的重大影响。

缺失父爱母爱的童年，早早地品尝孤独与离弃，这必然形成他孤僻的、自尊和自卑矛盾共存的性格。但也恰恰因此，牛顿才有毅力去坚持常年对学术孤寂地求索，才有抗压能力对付来自学术界的种种恶意。同时我们也看到，他成年以后对同母异父弟弟妹妹的帮助以及照料病危母亲的真情，也是牛顿健全人格的体现。

爱发呆的孩子

母亲搬离庄园的那一天，小牛顿并没有哭闹纠缠，甚至没有去送别。汉娜在庄园门口回首时，小牛顿则在二楼的窗口默默地凝望着她。从那一刻起，小小年纪的牛顿就成了一个沉默寡言的孩子。

母亲离开后，外公外婆作为监护人搬来庄园照顾小牛顿。两位老人照顾小牛顿的日常生活自然是无微不至，但终究无法替代父母对孩子的爱，而且他们也没有能力给小牛顿提供所谓的启蒙教育。对于性格孤僻、天生聪颖的小牛顿来说，比起听外婆教唱的童谣和外公吟诵的祈祷词，他更愿意徜徉于庄园外面的世界。日升月落，风来雨去，四季更迭，昼夜交替，农夫们播种、耕耘和收获，妇人们畜养绵羊、剪收羊毛，大自然的一切都是那么亲切而有趣，小牛顿对身边的所有事物都有着超强的好奇心。他常常在田间地头、树下溪边独坐，饶有兴致地观察着那些别人习以为常的自然现象。家人和村民都以为小牛顿失去了父母，精神上受了刺激，只愿意傻傻地独处，于是他就有了个“爱发呆的孩子”的绰号。但是很快人们就发现，小牛顿更是一个“爱问为什么的孩子”。几岁的小牛顿经常会缠着外公外婆以及邻人们问很多千奇百怪的问题，诸如“太阳为什么每天都从东边升起”“月亮离我们有多远”“庄稼为什么长在地里而不是树上”等，人们实在缠不过的时候，总会甩出同样一句话“问你舅舅去！”

小牛顿的舅舅威廉·艾斯库是邻村的牧师，他是剑桥大学毕业生，真正的绅士和知识分子。每当舅舅出现在村口的时候，小牛顿一定会一路飞奔，一头撞进他的怀里。在小牛顿的童年时光里，舅舅是最亲近的人。他每隔几周就会来伍尔斯索普看望小牛顿，一来是怜爱这个小外甥没有父母在身边，二来是发现小牛顿与众不同的好学天分。每次舅舅都会给小牛顿带来“好玩意儿”，有时是手工做的小玩具，有时是儿童学认字的书，有时是镇上买的美食。小牛顿最感兴趣的就是那些小玩具，一边爱不释手地摆弄着，一边缠着舅舅问这问那。

这一日，威廉·艾斯库照例来到了庄园，小牛顿扑上去抓着舅舅的衣襟，渴望地抬起头。只见舅舅神秘地从挎包里取出一个小布包，小心翼翼地一层层打开，取出一个奇形怪状的小玩意儿。小牛顿瞪着圆圆的小眼珠，盯着眼前这个两头粗、中间细，其中还盛有细沙粒的玻璃罐子，实在想不出是什么玩具。舅舅把这个小装置一下子翻了过来，只见里面的沙粒缓慢均匀地自上而下滑落。

“这叫沙漏，艾萨克，”舅舅抚着小牛顿的头说道，“镇上的一个朋友送给我的。”

“哦，可是这怎么玩呢？”小牛顿依然看不出有什么奇妙所在。

“呵呵，傻孩子，这可不是玩具，”舅舅说着，在上方的沙粒漏完后又把沙漏翻了过来，“这是一个计时器。”

“这样啊，那这计时器用来做什么呢？”小牛顿仔细地端详着沙粒缓缓落下，开始有点兴趣了。

“这个沙漏每一次漏完沙粒的时间是恒定的，这样就可以用来在做事时计算时间咯。比如祈祷啊、做面包啊、看书啊，”舅舅继续解释道，“或者你们小伙伴可以用这个计时来比赛谁剪的羊毛最多啊！”

“哇，太神奇了，我明白了，谢谢舅舅！”小牛顿一把抢过沙漏就冲了出去。

太阳的阴影

随后的日子里，这个小沙漏就成了小牛顿的贴身宝贝。他随时随地都要拿出来把玩一番，渐渐地，“时间”这个概念潜移默化地进入了他的脑海里。时间概念从此将会伴随牛顿的一生，在后日的学术研究，尤其是运动力学范畴里，儿时的启蒙将会扮演不可或缺的重要角色。

但是，沙漏的计时毕竟是有限而固定的，一般是几分钟而已。小牛顿逐渐以这个固定时间概念为起点，开始思考更为广阔的时间量度。

一天午后，小牛顿坐在树荫下摆弄他的小沙漏。玩够了，他就把小沙漏放在身边的树荫里，思考着“怎么能测量更长的时间呢？”当他盯着沙漏出神时，发现树荫一直在变换位置，每次他把沙漏放在阴影里，过一段时间，就会暴露在阳光下。小牛顿灵光突现，他把沙漏放在阴影的边缘，开始反复计时，并找了根小树枝在地上记录着沙漏的翻转次数。小牛顿趴在地上，写写画画，最后得出了自己的结论——通过太阳的阴影可以记录时间。随后的几天，他把一根小棍插在地上，配合沙漏的计时，用尺子测量着阴影的角度和长度变化，并一一记录下来，直到太阳落山，才意犹未尽地回家。前后用了一周的时间，小牛顿就用木棍和木板做出了自己的“太阳钟”。

在当时的英国乡下，人们还过着日出而作、日落而息的生活，对时间的概念都来自自然现象的指引。白天可以通过观察太阳的位置大致估算时间，到了晚上就要根据长久的生活经验用诸如黄昏、夜初、燃烛、深夜、拂晓、鸡鸣这样的称呼来定义时间。只有在镇上的大教堂里才有计时的大钟，而且那时的大钟也只能标记小时，还没有发明有分针和秒针的复杂装置。

很快，在伍尔斯索普村里，每户人家房屋南墙上陆续竖起了不同角度的小木棍，并配有一圈刻度盘。村民们看着这些“太阳钟”惊异不已，无不惊叹，因此再也不把小牛顿叫作“发呆的小孩”，而是“小神童”了。连闻讯赶来参观的舅舅也刮目相看，心下暗暗觉得，这个孩子前途不可限量，这也为小牛顿在将来的求学之路上得到舅舅的鼎力相助埋下了伏笔。

在小牛顿得意扬扬的时候，也出现了一些小问题。“太阳钟”确实给村民们生活带来了方便，但是也有一个致命缺点——天气的影响，在英伦三岛常见的阴雨天，“太阳钟”就失灵了。在一个雨天，小牛顿沮丧地坐在庄园门廊里，连外婆拿来的点心都没心思吃了，因为他本计划去给那些“太阳钟”校准的。他闷闷不乐地看着房檐上滴落的雨滴发呆，突然发现落下的雨滴也和沙漏中的沙粒一样匀速而持续！“水滴也可以计量时间！”小牛顿大喊着冲进了厨房，翻出一个铁罐子装满水，用锥子在底部钻了一个小洞，再用一个罐子在下方接住滴落的水，随即他把下方接水的罐子里不断升高的水位线根据沙漏计量出的时间间隔做出刻度标记。“哈，这是我的‘大水钟’！”小牛顿兴奋得几乎跳了起来。

“日晷”和“刻漏”虽然都是古已有之的计时装置，但对于处于闭塞乡下的小牛顿来说，无异于伟大的发明。对自然现象的好奇心，极具天赋的思考方式，强大的动手能力——这些伟大科学家们共同具备的优秀素质，均已在牛顿的幼年时代显现出来。

时光荏苒，小牛顿的童年岁月就在庄园里、树荫下和农田边不经意地流淌而过。村民们见识了小牛顿制作的更多、更复杂的小发明，威廉舅舅也开始逐渐给他带来一些浅显的书籍，并给他讲解一些启蒙的自然科学知识。转眼到了1653年，外婆告诉小牛顿一个好消息：“妈妈要回来了！”

在第二段婚姻的7年后，因丈夫史密斯牧师去世，母亲汉娜回到了小牛顿的身边。在母亲的怀抱里，小牛顿并没有兴高采烈，只是怯生生地看着她身后的小孩子们——二女一男、三个同母异父的弟弟妹妹。小牛顿的平静生活再次被打乱，略显生分的母亲和陌生的弟弟妹妹让他变得更加孤僻。不过不用担心，再过一年，少年牛顿就将开始崭新、丰富的求学历程，也将遇到影响他一生的几位启蒙良师。

爱书的人，
必定不致缺少一个忠实的朋友，
一个良好的导师，
一个可爱的伴侣，
一个优婉的安慰者。

——

艾萨克·巴罗
（英国数学家）

第二章

1655

天才少年

1655年

格兰瑟姆镇圣乌尔弗雷姆教堂后花园

傍晚时分，晚霞洒在这座有着500多年历史的教堂那高耸的尖顶上，气氛静谧而庄严。而在教堂的后花园里，却聚集着一群躁动的少年。他们从北侧的国王中学一路吵闹着，簇拥着两个孩子来到这个神圣的“决斗场”。孩子们的笑嚷声此起彼伏:“阿瑟,让他尝尝苦头！”“艾萨克，现在认输还来得及啊！”两个少年像中世纪骑士一般对峙着，没有战马和长矛，只有额头暴起的青筋和紧紧攥住的小拳头。阿瑟身材结实而高大，顶着黄色短发的“生姜头”，完全不把对面那个发育不良的小个子放在眼里，放肆地挥动着拳头叫道：“无论是学习还是打架，你这辈子都别想赢我！”艾萨克一言不发，微微颤抖。当夕阳通过教堂玻璃窗反射到对方脸上的瞬间，小个子突然冲了上去……

求学之路

母亲带着三个孩子回到了伍尔斯索普庄园，小牛顿却并没有重拾母爱，更没有体会多了弟弟妹妹的快乐生活。3 岁时遭遇的离弃以及随后的孤单童年给他留下了终生无法抹去的伤痛记忆，让他对母亲和三个异姓的弟弟妹妹都满含怨怼和敌意。庄园里热闹起来，小牛顿内心反而更加孤独压抑，无时无刻不想寻求解脱。这个时候，他找到了终生挚友——书籍。

继父史密斯牧师遗赠给小牛顿的财产除了一块价值 50 英镑的土地，还有一大批书籍。小牛顿当时还不能全部读懂那些各式各样的宗教、哲学书籍，但他在这种盲目的、逃避现实般的阅读中，逐渐找到了快乐和安宁。那一年，他都沉浸在专注而忘我的阅读状态中，无论是在房间里、草地上还是小河边。

转眼间，小牛顿年满 12 岁，到了上中学的年龄。在威廉舅舅的坚定支持下，他坐在驶往十几公里之外的格兰瑟姆皇家国王中学的马车上欢欣雀跃，一路向北，不曾回头。这段路程对小牛顿来说意义非凡，其一是正式开启了求学之旅，其二是脱离了令他伤心的家庭而独立生活。

药房的小阁楼

马车停在了格兰瑟姆镇高街乔治旅社旁的一间药房门前，小牛顿搬下行李，叩响了门环。这就是舅舅为他安排的寄宿地——药房的小阁楼。当地药剂师克拉克是位和蔼可亲的房东，他带着小牛顿上了二楼。小牛顿来不及打开行李，就迫不及待地打量起这个崭新的“小世界”：房间并不宽敞，但床铺整洁，墙角还散落着上个住客留下的几本书，充沛的阳光通过小窗直射进来。推开窗子，看着石子路上的车来人往，一切都是那么新奇，以至于小牛顿兴奋得一晚上都没睡，趴在窗口看着星空。

格兰瑟姆皇家国王中学有着130多年的历史，主要提供拉丁文、希腊文和《圣经》的教学内容。教学方法也只是要求学生们死记硬背那些古典文学和宗教教义，根本没有现在的数理化课程。因为在那个时代，学生在大学前根本接触不到数学，而物理和化学还没有成为一门真正的自然科学科目。

可想而知，小牛顿很快就对学校里的学习内容失去了兴趣。而童年养成的孤僻性格，也没能让他在新环境里结交更多的朋友。于是，小牛顿又躲进了小阁楼，读起他带来的那些书。但毕竟带的书不多，他很快就读完了，直到发现了新的“宝藏”——教堂藏书室。

学校里的老师安杰尔是一位修士，他注意到小牛顿喜爱阅读，于是把他带到了位于学校南侧的圣乌尔弗雷姆教堂。在教堂走廊的尽头，有一间狭长的房间，里面藏书颇丰。正是在这里，安杰尔引领牛顿成为一位终生虔诚的清教徒。也正是在那高高的书架上，一本本大部头的神学著作中，夹着一本打开小牛顿探索科学大门的书。

《自然与工艺的神秘》——并非什么伟大名著，作者约翰·贝特也属泛泛之辈。但在13岁的小牛顿眼里，无异于奇幻的藏宝图。书中满是奇巧的机械装置和器具，并附有详细的制作方法和使用说明。他背靠着书架，如饥似渴地读着，那种从大脑到指尖的兴奋感从未有过。以至于小牛顿无论是走在回住处的路上，还是躺在床上，脑海里都是那些似乎在转动着的轮轴。第二天一早，小牛顿就买了一个笔记簿，飞也似的跑到教堂，把书里的内容全部抄了下来。

虽然大多数小男孩都会在这个年纪展现出对手工制作和机械装置的兴趣，但没有人会如小牛顿那般投入和痴迷。自他从小阁楼的窗户探出身子，迎风挥舞自己亲手制作的小风车那天起，一发而不可收。他开始反复阅读更多的相关书籍，不停地在本子上甚至墙壁上写写画画，时而敲敲打打，时而停下来发呆冥想，像给自己上了发条一样，如痴如魔。在他的巧手下，一件件小制作花样迭出，风车、水车、日晷、灯笼，不一而足。

这些“小发明”除了让小牛顿尝到了手工制作的乐趣，还带给了他从未有过的成就感。小牛顿从小性格就很孤僻，所以在校园里也几乎没有朋友。当他拿着这些作品来到学校后，那来自小伙伴们崇拜、羡慕的眼神，使他收获了满满的自豪感，也因此结交了更多的朋友。

一天早上，小牛顿带着一个神秘的包裹来到学校。小伙伴们知道他准是做了“新宝贝”，一齐围拢过来看个究竟。包裹打开后，一个大个子“生姜头”叫道：“嗨，不就是那个风车嘛！我也会做！”说话的孩子正是房东克拉克的继子阿瑟，他和小牛顿是同学，也同住一个屋檐下。阿瑟身子骨强壮，功课还很好，是同学中的“小领袖”。他一贯瞧不起学习不好还不合群的小牛顿，此刻必然要借机奚落一番。只见小牛顿并不答话，从口袋里掏出一小块面包，塞进风车旁边一个小槽里。顿时，那小风车在没有风的教室里自动转了起来。小伙伴们惊得目瞪口呆，都要挤进来看看那到底是什么神奇的装置。阿瑟一把拿了起来，想拆开看看。谁知同学们都争相抢夺，风车一下子掉在地上，被孩子们一通乱踩，碎个稀烂。眼尖的同学发现，一只小老鼠从风车下面的小木箱里跑出来溜走了。原来小牛顿在风车下面的一个滚轮里放进了老鼠作为动力源，通过皮带和滚轮的传动装置引发了风车转动，并用面包“启动”了它。

“嘿嘿，原来是这个鬼主意！”阿瑟仍然不屑一顾地说着。此时小牛顿已经怒不可遏，冲过去要阿瑟赔他的杰作。一时间教室里乱作一团，双方争执不下，于是，引发了本章开头那一场“骑士的决斗”。

两个男孩对峙着，小牛顿一言不发，攥紧双拳，等待着机会。当夕阳通过教堂玻璃窗反射到对方脸上的一瞬间，小牛顿趁机冲了上去。一番争斗撕扯后，在孩子们的喧闹喝彩声中，小牛顿把阿瑟死死地按在地上，直到对方告饶。而小牛顿松开双手的同时，大吼了一声：“学习上我也一样能赢你！”

最终，小牛顿凭借智慧之光和愤怒之火打败了不可一世的“生姜头”。并且小牛顿没有食言，凭着这股说到做到的狠劲儿，后来在学习成绩上也超过了阿瑟，进而一举成为全班第一。

“风车大战”后，两个小家伙灰头土脸地回到药房。阿瑟的姐姐凯瑟琳看到两人的情形，已经猜出个八九不离十了，于是把小牛顿带回房间百般安慰。凯瑟琳平时对小牛顿就另眼看待，总觉得这个寄居于此的小男孩很聪明也很古怪，知道他宁愿躲在小阁楼里鼓捣神秘的小制作，也不愿和街上的男孩子们玩那些类似“骑马打仗”的愚蠢游戏。而对于从小缺乏异性怜爱，尚处于懵懂少年期的小牛顿来说，凯瑟琳无疑带给他很多的情感慰藉。

看着牛顿坐在床沿上，仍旧气鼓鼓的样子，凯瑟琳说道：“别生气了，我带你找宝贝去！”

橱柜里的宝藏

小牛顿跟在举着烛台的凯瑟琳的身后，悄声下到一楼，穿过药房来到后面的小屋子。进到屋内，借着烛光，小牛顿看到房间中央是一个大大的工作台，靠墙的木架上陈列着一瓶瓶叫不出名字的粉末和液体，几个橱柜里也都是各种玻璃杯、玻璃管和其他奇形怪状的玻璃器皿。原来，这房间是药剂师克拉克的工作室，他就在这里配制各种药剂。出于安全考虑，这个房间是不允许孩子们进入的。小牛顿觉得大开眼界，真像发现宝藏一样，搬搬这个，动动那个，瞬间把打架的事丢到了脑后。

第二天放学后，小牛顿在药房的楼梯口被克拉克先生叫住了。

“艾萨克，你昨天偷偷进我的工作室了？”克拉克先生一脸严肃地问道。

“哦，是的，先生。对不起……”小牛顿诚实地回答，一脸惶恐，“我再也不敢去了。”

“跟我来！”克拉克先生佯装生气的样子，拉着小牛顿来到了工作室。

其实，克拉克先生是个教育观念非常开明的人，不同于学校里的教条式教育，善于鼓励孩子们的好奇心和想象力。在知道小牛顿偷偷去工作室的事情后，克拉克并不责怪，反而教授他一些药物知识，允许他旁观自己的配制过程，讲解一些简单的原理和方法，继而指导他动手实际操作。小牛顿则显示了和年龄不匹配的学习能力和态度，不仅仔细观察克拉克的操作，同时一步步详细记录药品名称、功能、用量等细节，甚至把每一瓶药剂瓶上的标签都一一抄写下来，深加研究。短短几个月后，他就可以自己按配方配药，还成功地实践了药品以外的更多东西的制作方法，诸如油漆和颜料的制作，用化学物品切割玻璃，鱼饵的制作等。及至成年以后，牛顿一直保持着自己配制药品的习惯，还经常会赠给亲朋好友。

在牛顿所处的17世纪，还没有“科学”这个名词，而是使用“自然哲学”作为这类对宇宙自然进行学术研究的统称，更没有“物理”和“化学”这两个学科名称。以今人的眼光来看，如果说，药房的小阁楼是小牛顿的“物理启蒙教室”，那么药剂师的工作室就是他的“化学启蒙实验室”。在这几年中培养出来的动手实验能力，将会使牛顿一生受益，也是他能做出那么多伟大理论贡献的不可或缺的坚实基础。

毫无疑问，克拉克先生就是牛顿走上自然科学探索之路的引路人。这位药剂师不仅照料少年牛顿的日常生活，还教给了他物理、化学和医药方面的基础知识以及实验方法，甚至在课余饭后，经常和牛顿谈起药剂师协会的组织功能、规章制度和会议趣事等。从科学知识到社会经验层面，都可称为牛顿的启蒙导师。要知道在那个时代，得遇良师实属难能可贵，而牛顿也没有辜负老师的期望。

在随后的几年里，牛顿像开了窍一般，告别了自己的蒙童时代，不论是在药房里进行自己的研究，还是学校的课堂学习，都凭着聪颖、专注和对知识的渴求，取得了出类拔萃的成绩。在16岁那年，他终于引起了国王中学校长斯托克斯先生的注意。校长认定这个少年是学习的好苗子，不可埋没的天才，打算等他毕业后推荐到剑桥大学继续深造。为了表示诚意，斯托克斯决定到牛顿家登门拜访……谁知这一去，又生变数……

辍学返乡

校长亲自上门拜访，让汉娜一时间不明就里，还以为小牛顿在学校闯了什么大祸。一番解释后，汉娜才听明白，原来老先生是求贤若渴，希望小牛顿将来到剑桥大学继续深造。这位母亲并没有像今天的我们那样理所应当地充满欣慰与感激，受时代文明程度和农村传统观念所限，她反而陷入深深的矛盾和疑虑。在她的计划中，安排小牛顿上完中学，脱离文盲即可，最终要返回乡里继承家族的产业，管理庄园，经营农事，做家里的顶梁柱。汉娜明白，儿子一旦上了大学，等于长期脱离了家族，不仅不能帮忙撑起家业，还多出一份额外负担的学费和生活费，自己还要继续带着三个年幼的孩子度日。于是，汉娜做出了在当时可以被理解的决定：不仅没有同意老校长的深造建议，反而提出让小牛顿停止中学学业，回家务农。斯托克斯先生走出庄园大门的一刻，不禁懊悔不迭：本想来锦上添花，谁知却是釜底抽薪，不知道小牛顿能不能承受这个打击，这个少年天才会不会就此沉沦为泯然众人？

但出乎意料的是，小牛顿平静地接受了这个现实，他并没有对母亲的决定表现出尖锐的抗拒，而是淡然地辞别了老校长、克拉克先生以及其他老师和同学，离开了教堂藏书室、药房小阁楼和制药工作室，踏上返乡的路程。此时此刻，在他的内心里，并不曾有对取得学术成就、拥有社会地位以及光宗耀祖之类的梦想，只有对他热爱的一切知识的渴求。无论在何时何地，都不影响他的执着追求。对学校和老师同学虽有不舍，但他知道，自己有善于发现的眼睛，有精于制作的双手，还有一生的挚友——堆在归乡马车上的几大箱书籍。

1659年，牛顿再次回到了伍尔斯索普庄园。一别数年，弟弟妹妹也长高了许多，而他们的大哥哥并没有什么变化，仍旧是沉默寡言，一头扎进自己的房间里。在母亲和乡亲们眼中，牛顿和上中学前也没什么不同，还是只关心两件事——读书和手工制作，只是读的书越来越厚，制作的东西越来越复杂。他们一边看着牛顿制作的用来灌溉的大水车、农田边上竖起的大钟啧啧称奇，一边对着只知道看书、连基本的农活都干不好的年轻庄园主发出“书呆子”的评论。

以牛顿的智商和动手能力，区区农活自然不在话下，他只是太痴迷于对知识的渴求，而对其他任何事情都心不在焉。由此也闹出很多的“事故”，被乡人引为笑谈。在与伍尔斯索普相邻的科尔斯特沃思村的地方法院记录上显示：1659 年 10 月 28 日，艾萨克·牛顿被罚款 3 先令 4 便士，处罚原因是“放任他的羊群破坏了 23 弗隆（约合 4600 米）宽的树林”。另有两次罚款记录，每次金额为 1 先令，原因是“放任他的猪群践踏玉米地”和“纵容他田园的篱笆损毁而不予修理”。看着这些严肃的文字，不禁脑海里浮现出戴着假发和单片眼镜的乡村法官的样子，以及左手举着书、右手握着小鞭子站在田埂上寻找羊群的少年一脸茫然的尴尬神情。村人们见到牛顿时都会调侃道：“艾萨克，你的羊群呢？”

母亲汉娜坐不住了，于是她指定了一名老仆人陪同牛顿一起劳作，一方面指导他做农活的方法，一方面监督他别再闯祸了。没想到，母亲的策略正中牛顿下怀，这么一来，他就可以把所有的工作全都指派给老仆人，自己专心地读书或做手工了。于是在平日里，乡亲们就会看到田间地头、溪边树下，辛苦劳作的老仆人和悠闲读书的小牛顿这对奇妙的工作组合。

每到星期六，就是小牛顿最开心的一天。按照惯例，每逢这一天，牛顿都会在老仆人的陪同下前往格兰瑟姆镇，售卖自家出产的农产品，然后采购家里一周所需的日用品。老少二人一进到小镇，牛顿就安排老仆人去售卖和采购，自己则一路小跑奔向高街的药房，拜访克拉克先生。

除了与药剂师叙旧闲谈，帮忙配药，牛顿又发现了新的藏书宝库。威廉·克拉克先生的哥哥约瑟夫·克拉克博士曾是国王中学的教师，不久前去世，留下的大量藏书放在了药房的仓库里。牛顿一边帮助老房东整理书籍，一边阅读，常常是到了夕阳西下、老仆人前来叩门之时，方才恋恋不舍地告辞而去。这批藏书不同于往常，都是已故的克拉克博士珍藏的各种关于自然哲学领域的经典著作，涉及植物学、动物学、解剖学、数学、物理和化学等很多基础科学知识，这些书籍和牛顿以前所有阅读的书籍相比，在深度和广度上不可同日而语，也为牛顿未来的大学生涯提供了恰到好处的知识储备。这仿佛是冥冥中的安排，为牛顿在不久后峰回路转的求学之路埋下了伏笔。我们也发现，在这位巨匠的少年时代，每次认知和视野的提升都离不开与各种书籍的不期而遇。

三位贵人

这样的日子又维持了一年，关于牛顿的奇闻逸事渐渐传遍乡里和小镇，自然也传到了斯托克斯先生的耳朵里。老校长再次被牛顿对知识的执着渴求深深打动，决意再次登门请求汉娜夫人允许牛顿继续上大学深造。不过，这一次老校长有备而来，他请到了两个重量级的帮手。三位绅士坐在了伍尔斯索普庄园的客厅里一边喝着咖啡，一边聊着家常，并不急于提起让牛顿复学的事情。这下真把汉娜夫人唬住了，不明就里地看着眼前这三位先生：

威廉·艾斯库，牛顿的舅舅，剑桥大学三一学院毕业生，牛顿继续深造的一贯支持者；汉弗莱·巴宾顿，药剂师克拉克先生的妻舅，剑桥大学院士，明显是克拉克的委托人；亨利·斯托克斯，为了牛顿学业第二次造访的国王中学校长。

“先生们，我知道你们的来意，但是艾萨克毕竟要子承父业的啊。”汉娜终于绷不住主动开口了。

“夫人，请您相信我，艾萨克如果不上大学，可不是您个人的损失啊。”老校长放下咖啡杯，语重心长地说道。

“可是，如果艾萨克上了大学，家里可怎么办呢？”汉娜顿了顿，望了望窗外，“那三个孩子都还小啊……”

“我的妹妹啊，你觉得艾萨克在家里真能帮上什么忙？”威廉·艾斯库呵呵笑道，“不被罚款就不错了吧？”

汉娜一时无语，哥哥说的确是事实。

“夫人，您真应该跟我去镇上，听听那里的人怎么形容您出色的儿子！”巴宾顿先生信誓旦旦地站起身来说道。

“这个我也有所耳闻，可那不过是他的小聪明而已啊，”汉娜满不在乎地说，“大学毕业回来还是要继承庄园事业的，有什么分别呢？”

“你可别小看咱们的小艾萨克，我看他前途无量。而且再过几年，玛丽、本杰明他们也长大了，就可以帮你照看庄园了。”威廉·艾斯库接着拍了拍胸脯，“我住得又不远，有什么需要帮忙的，随时找我就是了。”

“就算你这么说，可大学四年毕竟需要一大笔学费和生活费啊。这几年，家里的情况……”汉娜面露难色，欲言又止。

老校长站起身来，指了指巴宾顿先生，说道：“夫人，学费方面完全不用担心，这位巴宾顿先生就是剑桥大学的教授，他有办法减免相应费用。”

巴宾顿先生重重地点了点头。汉娜再次陷入沉默。

谈判的最终胜利属于三位知识分子。汉娜不得不承认，她本希望牛顿像他亡父一样踏踏实实做一个土地主，生儿育女，平平淡淡地度过一生。而在过去的一年里能够看出，牛顿实在不是家族产业合格的继承者。母亲也目睹了儿子对知识的痴迷，把他拴在土地上是件多么痛苦的事。而斯托克斯校长又抛出一条消除汉娜最后一点顾虑的理由：国王中学决定免除牛顿复学需要缴付的40先令学费。

牛顿求学生涯的三位贵人，就这样全凭着无私的信念再次把他拉回到正确的人生轨道上。1660年秋，他再次平静地收拾行囊返回格兰瑟姆。此时，牛顿不再有任何私心杂念，不再纠结于怨恨和感恩，不被任何新人或旧事所打扰，一心一意刻苦学习，只为一个目标——剑桥大学。当年年末，牛顿顺利通过了剑桥大学入学考试。

当牛顿完成学业，找老校长准备辞行回家的时候，斯托克斯先生不等他开口，却把他拉到了校园广场上，并召集了所有师生到场。老校长声情并茂地发表着感言，赞扬牛顿对知识的执着追求，让全校师生共同见证牛顿的小小荣耀。他按着牛顿的双肩，说到动情处一度哽咽。而一向情绪内敛、不善表达的牛顿，第一次泪眼模糊。成年后的牛顿，多少次梦回格兰瑟姆小镇。药房小阁楼的晨光，圣乌尔弗雷姆教堂的夕阳，国王中学广场上的泪水，都永远驻留在内心最隐秘的角落里。

1661 年 6 月 2 日晨，18 岁的牛顿再次离开伍尔斯索普庄园，踏上去往剑桥大学的求学之路。在送别的母亲、弟弟、妹妹以及众多的族人、乡邻的眼中，他不过是个平凡的好学生而已。殊不知这一去，平凡将成不凡，乃至伟大。

我是柏拉图的朋友，
我是亚里士多德的朋友，
但是，
我最好的朋友是真理。

——

艾萨克·牛顿

第三章

1661

走进剑桥

1660年11月一个周末

伦敦

夜幕降临的冬日街头，异常寒冷。小贩的叫卖声和马车驶过石子路的踢踏声喧闹不堪，尘土和雾气笼罩街巷，垃圾和污水的臭味充塞鼻腔。一小群戴着高级假发和亚麻领巾、身着黑袍和及膝马裤的绅士，三三两两地一边热烈交谈着，一边消失在托马斯·格雷沙姆的豪宅大门后。这是一个由12人组成的，自称“隐形学院”的神秘组织在举行每周的例行聚会。会员们将展示其研究论文或成果，供与会人员学习讨论。当天的会议上，先由身材瘦小的克里斯托弗·雷恩先生公布了论文《土星光环的观测报告》；接下来是身形瑟缩、驼背歪肩、面色苍白却双目炯炯的罗伯特·胡克先生演示了自制的一个真空泵，然后亮出一幅手绘的苍蝇头部精细图样；最后是资历较老、身材修长、气质高贵的罗伯特·波义耳先生朗读论文《漂亮女仆给奶牛唱歌的观察研究》。

今昔剑桥

今日的剑桥大学已是和牛津大学比肩的、英国最古老的、最优秀的大学之一，在世界范围内也属于顶尖的高等教育机构，其学术地位和影响力均名列前茅。从这里走出了数不胜数的科学巨匠、文哲大师、政坛巨擘，其中还包括 15 位英国首相。剑桥大学始建于 1209 年，校园并不是封闭的，而是由分散在位于伦敦以北约 80 公里的剑桥镇上的 31 个学院组成的开放式校区。一条剑河穿过小镇，河畔错落有致地分布着特点各异的学院建筑群。任何游客流连于绿树清流的优美自然环境和不同时代风格的宏伟建筑之间都会乐而忘返，也将沉醉于弥漫在各个角落的学术氛围和历史气息。

但是，17 世纪 60 年代的剑桥大学城远不是我们眼中的学术圣地，更不是学子们的求知乐园。当时的剑桥大学由三一学院、国王学院、基督学院、耶稣学院等 16 个独立学院组成，学校教学宗旨在于培养高贵的宗教人才，学生毕业后的职业也多为牧师和教师。学校安排的教学内容是古典文学、历史、地理、《圣经》教义以及亚里士多德式的经院哲学。

除了学术层面的死板落后，大学城里生活环境也并非宁静祥和，反而是危机四伏。当时在校生不到 3000 人，多为贵族、富商和地主的子弟。他们的简单想法就是在这里混上四年，完成“镀金”之旅，回到故乡从事稳定、高贵的职业。所以，相对于乏味的课堂，他们更愿意把时间和精力消耗在学院外面的商铺、咖啡馆、酒馆和集市里。于是滋生了大批依赖于大学城生存的商贩、乞丐，甚至是小偷和强盗。入夜的大学城里，没有街灯，泥泞的街道上肮脏不堪，充斥着各种诱惑和凶险。摆在牛顿面前的并不是神圣纯洁的象牙塔，而是鱼龙混杂的历练场。

减费生

1661年6月5日，牛顿走进了剑桥大学三一学院的大门。

只见四周矗立着华丽的哥特式建筑，几座高耸入云的尖塔，绿草茵茵的宽阔中庭，草坪正中心优雅的石雕喷泉，最醒目的是一座亨利八世的雕像。这位学院始建者的雕像面容威严肃穆，左手捧着金色圣球十字架，右手却拿着一根椅子腿。据说，雕像上原本是国王手握金色权杖，但因学生们表示对强权的不满，偷偷更换为椅子腿了。院方领导经过和学生们的几次拉锯战后，最终默许了此举，并把“自由、挑战、幽默”作为学院精神加以宣扬。而未来的牛顿，则对“挑战”做了几近完美的诠释。

此时的牛顿被眼前的一切深深震撼。要知道，一个来自乡下、此前最远只到过格兰瑟姆小镇的青年，从未见到过如此美轮美奂、动人心魄的景致。不过，用不了几年，当他走出学院大门时，将会震撼英伦，震撼欧洲，乃至整个世界。

然而，从牛顿这一天注册成为三一学院学生开始，

*

牛顿在剑桥三一学院求学期间的住所

四年的大学生活并非风平浪静、一路辉煌。在之前的幼年求学生涯里，牛顿的孤僻性格给他平添了许多障碍，多亏了几位良师的引导和自己对知识的渴求才没有误入歧途。现在的牛顿已是一个成年人，面对的也是更为复杂的社会环境。这对他心智成长的考验比以往更为严峻。

第一天走进双人间的学生宿舍，牛顿就发现和那些富家子弟比起来，有三件事让他抬不起头来：其一，牛顿的年龄比同学们普遍大两岁左右，沟通起来难免有些障碍；其二，牛顿是个清教徒，而当时的大学奉行的是英国国教，所以他不得不隐藏起自己的宗教信仰；其三，牛顿是个减费生。

牛顿家虽然不是富贵阶层，但也是小康殷实之家，负担全额学费并不困难。但显然，不是很情愿让牛顿读大学的母亲汉娜不会让他养尊处优地度过四年。减费生虽然类似今天勤工俭学的学生，但是要付出失去尊严的代价。当时的减费生需要给诸如资优生、公费生、全自费生这样的特权学生收拾餐具以享有免费三餐，更要给他们收拾房间、清洗便器以贴补学费。换言之，就是给富贵子弟做仆人。可想而知，对于从小自尊心极强的牛顿来说，这是何等的屈辱。幸运的是，有位贵人再度伸出了援手。

恩师和挚友

牛顿拿着行李犹犹豫豫地走进学生宿舍。这些宿舍都是学院旁的出租房，充满了喧闹和杂乱。包括牛顿的新生舍友在内，大多数学生都是非富即贵之家的子弟，来剑桥大学也不过是镀镀金。自尊心极强的牛顿看着他们呼朋唤友、喝酒打牌的样子，想着自己还要给那些公子哥儿做仆役，心情一下子跌到了谷底。

正当牛顿坐在宿舍里闷闷不乐的时候，一个同学带来口信，说学院里有个教授叫牛顿去办公室报到。不明所以的牛顿推开办公室的门，一抬头，不由得惊喜地叫道："哈，巴宾顿先生！"

"欢迎你啊，艾萨克！"巴宾顿先生起身，指了指旁边的椅子，示意牛顿坐下，"住处安顿好了吗？"

"是的，先生。下周一就正式开课了。"牛顿兴奋地答道。

"可要用心学习啊！"巴宾顿先生走过来，拍了拍牛顿的肩膀继续说，"另外，生活上有什么困难尽管和我说，当初我可是给你妈妈打了包票的。"

"哦……没什么困难……都挺好的。"牛顿想到了要做仆役的事，又不好意思提起。

"哈哈哈，你那点心思我早就知道了！"巴宾顿先生爽朗地笑了起来，随手拿出几个苹果塞在牛顿手里。

原来汉弗莱·巴宾顿先生在牛顿入学前就做了安排，他已经和校方沟通好了，安排牛顿做他的私人生活助理，不必给别的学生做帮佣了。内向的牛顿只是平静地道谢后出去了。他知道，这位曾经造访伍尔斯索普庄园的老教授，以及药剂师克拉克先生、斯托克斯校长和威廉舅舅，他们的恩情无须言语去表达，只能用刻苦学习去回报他们的一路扶持。牛顿心中的压力一下子减轻了许多，一则是因为给恩师做仆人心甘情愿，二则是巴宾顿先生在学院里是研究员身份，每年只在学校驻留几个星期而已。这份工作无疑是很轻松的。

最重要的问题已经解决了，牛顿开始一门心思放在学业上。新生刚一入学，照例要由校方指派一位指导老师。牛顿的第一位导师是多年作为希腊文讲座教授的普林先生。这位教授心思并不在教学上，只求收取更多的学生以贴补自己的微薄薪俸，以至学生们在背后给他起了个“学生贩子”的绰号。于是牛顿就成为普林教授50多个门生之一。普林教授自然也没给予牛顿多少学业上的指导，但是他似乎察觉到这个“新门生”有点与众不同，比其他那些公子哥要勤奋得多，所以给牛顿开了一张长长的书单让他自行阅读。

牛顿对古典文学、历史和教义这些日常课程不感兴趣，而是把大量精力花在课外自学上。他从普林教授给出的书单里挑出大量的自然哲学领域的书籍论著——从古希腊的亚里士多德到同时代的笛卡尔、波义耳、伽利略、开普勒等人的著作——加以细心研读。在还没有形成自己的学术观点前，把先贤和大师们的学术思想和脉络搞清楚是至关重要的。而这个初期的学习过程无疑是孤独和痛苦的。牛顿知道在这个过程中，暂时是没有人能够帮他的，只有独自默默前行。

此时的牛顿，又恢复到国王中学时期的状态，把自己封闭起来，不与同学们厮混，对大学城外的花花世界也没有一丁点儿好奇，绝大部分时间就是在上课和阅读。

这让他和其他同学之间逐渐疏远以致产生隔阂。唯一支撑他的就是清教徒信仰。在清教徒的世界里，只有上帝和知识这两根精神支柱。他坚信追求知识正是上帝赋予他的神圣使命，可以取代一切物欲的诱惑。

对知识的信仰支撑牛顿度过了最初一段大学时光。可想而知在这段时间里，牛顿这样的“异类”在同学里是多么不受欢迎，还经常被富家子弟们不断地鄙视和打扰。到了第二年，新生们早已熟悉了校内外的环境，对如何打发悠闲的日子已经驾轻就熟。下课后的校园、宿舍里充斥着享乐和喧闹，牛顿实在不堪其扰，有时不得不拿着书离开宿舍，到僻静的草坪上或者台阶上躲躲清闲。

1663年下半年某一个午后，牛顿的室友又开始呼朋唤友地在宿舍打牌饮酒。牛顿无可奈何地夹起自己正在读的一本书，摇摇头走出宿舍。当他走到自己常去的一个花坛边的角落时，发现那里已经坐着个正在看书的青年。出于对同为好学之人的好感，他俩攀谈起来。原来青年名叫约翰·威金斯，是个来自曼彻斯特的新生。从书籍开始聊起，两人逐渐热络起来，并且很快发现他俩有一个共同的困扰——恼人的室友。于是两人一拍即合，经过一番调换，他俩成了室友。谁能想到，这次偶遇后，两人从同学到同事，一起走过了20个年头。在漫长的时间里，威金斯一直是牛顿忠实的朋友，并成为牛顿日后学术研究的实验助理和记录员。

觅得良友让牛顿心情舒畅，更加心无旁骛地钻研学问。这时，又传来一个好消息：巴宾顿先生回来了。

*

在剑桥三一学院求学期间的牛顿

向天发问

巴宾顿教授此次回到学院，计划逗留一个月，理所当然地要关心一下牛顿的学业情况。这期间，巴宾顿先生在了解牛顿的生活和学习近况后，给予了他在学术研究方向上更深刻的指导，并且安排了一间图书室供牛顿随时使用。要知道，在当时的三一学院里，学生只有在导师的带领下才能在图书馆里阅读资料。

这一下，牛顿无疑是如虎添翼，开始更加勤奋地、有目的地开展学术研究。凭着惊人的毅力，甘于寂寞的学习态度以及超乎常人的聪明才智，牛顿对自然哲学领域的认知大幅度提升，也对之前两年来阅读过的流行哲学理论产生了怀疑，继而开始提出问题。

有一次在课堂上，牛顿正在专心地写着亚里士多德的理论时，突然停下来，灵感突现，于是另起一页在页眉上写下“一些哲学问题”一行字，紧接着在下面写道：“我是柏拉图的朋友，我是亚里士多德的朋友，但是，我最好的朋友是真理。”刹那间，这几年积存在他脑海里的对宇宙奥秘和经典理论的各种疑问喷涌而出。在这个“哲学笔记簿”上先后罗列着45个题目，包括“太阳、恒星、行星及彗星的本质”“水和盐的本质”“浮力与重力的本质”“磁力吸引”等。这些都是自然哲学领域里关于物质本性、时间概念、宇宙秩序、力与运动、光的本质的根本问题。

千万不要小看“一些哲学问题”，这是牛顿在向自己发问，向历代先贤们发问，向天发问！这一问，展现

*

天文领域先贤图：中间的是尼古拉·哥白尼，在其身后右侧的是伽利略；身前左侧的仰首者便是牛顿；右侧沉思者为开普勒；周边是世界各国的天文学者

了一位伟大科学家敢于质疑传统权威的优秀素质，也揭示了全人类科学文化发展的原动力。

让我们追溯到遥远的公元前 4 世纪。中国古代战国时期的伟大诗人屈原写过一篇著名的长诗《天问》。诗中对天地分离、日升月落、昼夜交替、四季更迭、潮汐变化等自然现象发出了朴素而深邃的疑问，祈求上天给出答案。宇宙是谁创造的？世间万物的本质是什么？日月星辰是怎么运动的？这些问题从人类出现就一直困扰着我们的祖先。世世代代的智者都倾尽毕生之力试图窥破这个终极奥秘，建立自己的宇宙观。

与屈原几乎同时代的古希腊哲学家们都有自己的理论体系。德谟克利特提出“原子论”，认为宇宙是由原子组成的物质和虚空两部分构成的；苏格拉底的学生柏拉图提出唯心主义“理念论”，认为“客观世界”只是“理念世界”的投影；柏拉图的学生亚里士多德根据前人的理论完善了“四元素说”和“地心说”。

“四元素说”是基于燃烧现象得出的理论，认为宇宙间的物质都是由火、水、土、气这四种元素以不同的比例构成的。“地心说”认为地球位于宇宙的中心静止不动，太阳、月球和行星都围绕地球转动。亚里士多德进而提出由一位“不动的动者”来维持这些星体的运转。随后，公元 2 世纪的托勒密又对“地心说”进行了完善和修正，并构造了复杂的天体模型。

自此，亚里士多德的理论在学术界占统治地位长达数百年，直至公元 4 世纪。在接下来的史称“黑暗时代”的中世纪，宗教狂热者掌控了教育和学术，柏拉图的神秘主义大行其道，一切自然哲学的研究处于停滞状态。公元13世纪，亚里士多德的思想通过阿拉伯人传回欧洲，自然哲学经过和基督教教义的结合，创立了这样的宇宙观：上帝创造了宇宙，并掌控宇宙的运行。

公元14～16世纪，自意大利兴起的“文艺复兴”运动散播欧洲各地，在思想文化层面开启了人类社会的新篇章，也奏响了“黑暗时代”的挽歌。

1514年，波兰天文学家哥白尼发表他的伟大著作《天体运行论》。该书提出的“日心说”对古希腊欧多克斯、亚里士多德和托勒密等先贤建立的、统治哲学思想界长达1300年的“地心说”发起了颠覆性的挑战。1600年2月17日，哥白尼“日心说”的捍卫者——意大利天文学家布鲁诺被宗教裁判所判为“异端”，于罗马鲜花广场施以火刑。

1600年，开普勒来到布拉格天文台成为天文学家第谷的助手。通过自己的观测和前辈第谷留下的精准观测数据，开普勒发现了行星运行轨道并非哥白尼所说的正圆，而是椭圆。在随后几年他先后发表了伟大的“开普勒三大定律”，准确描述了天体运行规律，被称为“天空的立法者”。

1632年，伽利略出版《关于托勒密和哥白尼两大世界体系的对话》，支持哥白尼的“日心说”。他通过改进望远镜观测天体以及滚动和落体的实验推翻了亚里士多德的“地心说”“四元素说”，创立了“以数学做完整的推演，以实验做最后的证明”这套科学的研究方法。伽利略在物质和运动两方面的研究都做出了划时代的贡献，被称为“天空的哥伦布”。

17 世纪的学术

时间来到了 1663 年，此时的牛顿尽管还是个名不见经传的在校大学生，可他已经在“哲学笔记簿”上与这些古代哲学先贤和当代科学大师对话，并发出了质疑。诚如科学史家所言，17 世纪是“天才的时代”，同时也是“混乱的时代”。当时的学术圈里，天才与疯子同处一室，天文学与占星术不分彼此，炼金术和化学实验同出一门。不止牛顿一人醉心于自然哲学的探索，更有一大批有着同样狂热追求和敢于质疑传统权威的人。

正如本章开头描述的场景，“隐形学会”正是由这些“科学狂人”创立的。从论文内容可以看出，大至宇宙天体，小到苍蝇蚂蚁，具体到看得见的生物，抽象到看不见的空气，学者们的研究方向五花八门，他们仿佛对世间万事万物都充满了前所未有的好奇心。有时候天才和疯子常常是同一个人。即便那几位被提到的知名自然哲学家，也会把远见卓识和荒诞不经集于一身。今天我们都知道，罗伯特·波义耳是杰出的科学家，他发现了描述气体压力和体积关系的“波义耳定律”，也是现代化学的奠基者。但他的有些研究课题在我们今人看来却是匪夷所思或哭笑不得——如“给狗喂食的研究”“西班牙犬的谨慎不致我迷路”“吃牡蛎的研究”。他甚至相信向眼睛吹入干燥的人体排泄物粉末可以治疗白内障。

诚然，我们今天看到这样的内容自然会瞠目结舌，进而嘲笑古人的无知。但是要知道，在 17 世纪的欧洲，学者们的研究都是极其严肃认真的。而且那时的学术圈也展现出两个值得后人称道的特点：对一切研究方向的包容和推崇观察与实验的科学方法。1660 年 11 月，在国王查理二世的支持下，“隐形学会”正式更名为“伦敦皇家自然知识促进学会”，简称“皇家学会”。在一代代人的努力下，逐渐成为英国科学界的权威机构。

此时牛顿还没有与皇家学会和主流学术圈子有任何交集，处于单枪匹马的研究状态。不过在不远的将来，皇家学会将会见证他的辉煌。在这之前，他还需要在三一学院里刻苦地钻研学问，因为牛顿自己知道，他的学术水平还处于起步阶段，需要更多的积累与磨砺。就这样，牛顿在与大师们的隔空对话中，逐个抛出疑问，然后尝试解答，再把问题展开详细论述。从此他沉浸在一种如痴如魔的状态里，一日三餐要多简单有多简单，每天睡眠严重不足，似乎生怕浪费每一分钟。

室友威金斯把这一切看在眼里，虽然不明白牛顿整天废寝忘食地研究些什么，但是作为好朋友实在不忍看到他把身体搞垮。威金斯开始偶尔带牛顿去酒吧小酌，或是和同学一起打打牌，以图让牛顿劳逸结合，换换脑子放松一下。可是牛顿从来就不喜欢这种社交活动，一来二去，威金斯也只好作罢。可威金斯并不甘心，于是找了个周末，一大早就拉起迷迷糊糊的牛顿说道：“今天你可该给自己放一天假了吧？我带你去个好玩的地方！”

自然和书只属于那些看得见的眼睛。

——

拉尔夫·沃尔多·爱默生

（美国思想家）

第四章

1664

光的奥秘

1664年夏日

斯陶尔布里奇市集

艳阳高照、天清气爽的早晨，牛顿迷迷瞪瞪地跟在威金斯的身后，一路走到了距离大学城两公里的一所市集。在剑河边的空地上，一个个大帐篷和小摊位星罗棋布，吸引着附近的妇女、孩童以及剑桥大学里的年轻人。市集里都是吸引眼球的游乐项目和光怪陆离的奇珍异宝。威金斯兴致勃勃地在每个摊位前驻足，一会儿欣赏魔术表演，一会儿观看小丑的滑稽戏，一会儿又聆听游吟诗人的朗诵。当兴奋的威金斯想回头叫牛顿一起看表演时，才发现，牛顿不见了……

光的吸引

牛顿虽然身处熙熙攘攘的闹市之中，却对那些游乐项目没有一点兴趣，他的思绪还停留于最近正在读的一本笛卡尔的著作上。直到被一个孩子撞了一下，他才反应过来自己是来逛市集的，并且发现把室友给弄丢了。牛顿走到一处略高的草坪上，开始环顾四周寻找威金斯。有一刹那，他的眼睛突然被晃了一下，于是他眯着眼扫视了一圈，发现时有时无的光线来自一个人头攒动的摊位。拨开人群挤到摊位前，牛顿看到在一个穿着奇装异服的摊主前面，摆放着各式各样的物件——波西米亚人的华丽饰物，长生不老药，占卜用的道具，神奇药水等。“哈，原来是这个！”牛顿拿起一个玻璃三棱镜喊道。突然后面有个人拍了一下他的肩膀说道：“可找到你了！什么好宝贝？”威金斯终于找到了牛顿，看到他举着个三棱镜正在发呆，继而奚落道：“我以为是什么呢，这玩意儿都是小孩玩的啊！”

牛顿不以为然，匆匆付了钱，告别意犹未尽的威金斯，就往回跑。一路上他举着三棱镜对着太阳转来转去，真像个好奇的顽童。在当时，三棱镜确实只是儿童的玩具而已，完全不具备什么研究价值，可牛顿自有打算。原来牛顿正在研读笛卡尔的著作《屈光学》，书中引入了几何方法论证了光的折射定律，现在他正好可以用三棱镜来做实验，加强对书本上理论的认识。

一回到宿舍，牛顿立刻把百叶窗都关严，屋内随即暗了下来，接着他又在百叶窗上开了一个6毫米直径的小洞，一束强光射进屋内。牛顿把三棱镜的一面对准那束阳光，慢慢转动角度。于是神奇的一幕出现了：在对面的白墙上，出现了五彩斑斓的长方形彩虹光带！光带依次由红、橙、黄、绿、蓝、靛、紫 7 种颜色组成，每个颜色的光带面积都不一样。

实际上，彩虹现象对普通人来说并不算神奇。在牛顿之前，也有很多学者对光线的折射进行了实验和研究，但没有人能像牛顿一样通过大量的扩展实验、数据分析，

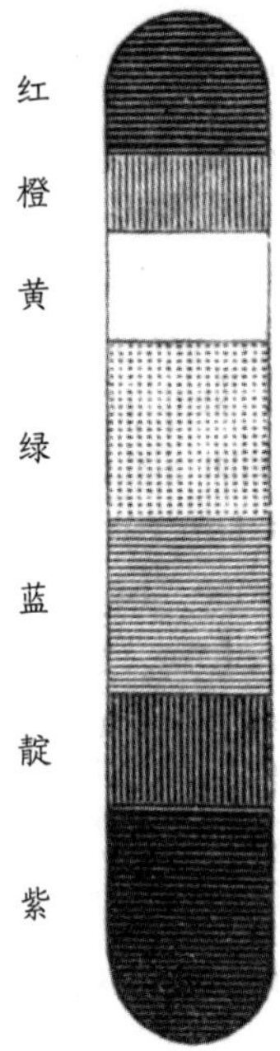

*

由三棱镜产生的光带含 7 种颜色

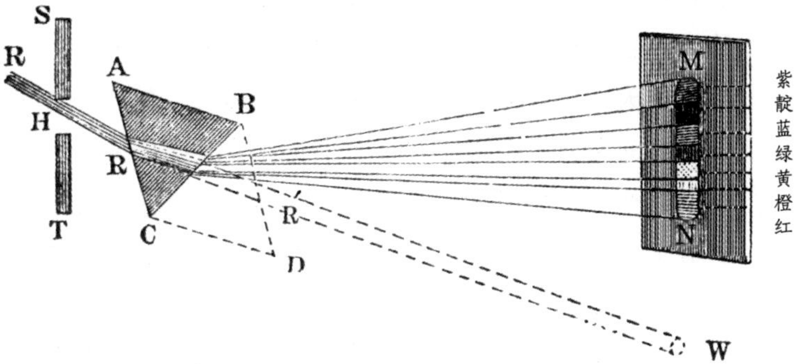

*

著名的“色散实验”

发现伟大的、对后世的学术研究和实际应用具有划时代影响的光学现象。牛顿有着对某个单一问题持续的、专注的、严谨的、科学的研究态度，这正是他成为科学巨匠的必要条件。

随后他产生了疑问：从白色光中分离出来的单色光还会继续散射下去吗？为了解开这个疑问，牛顿马上又买来一块三棱镜，做了第二个实验：让白光通过第一块三棱镜散射成七种单色光，再用一把有缝隙的伞筛选出其中一种单色光通过第二块三棱镜。实验结果是单色光不能继续散射分离，如此即可确定单色光就是最基本的颜色单位了。最后他得出了结论：白光是由各种单色光组成的复合光。这就是著名的“色散实验”。

这一系列的实验开启了牛顿对光学研究的第一步，通过多年不断地思考和探索，最终成就了未来那部伟大的著作——《光学》。他的色彩理论如此奇妙，以致歌德在150年后仍然无法理解，以为被牛顿愚弄了。在后世，这个理论在天文学、物理学等研究领域，航海业、航空航天业、工商业、医疗业等应用领域，都扮演着无可替代的角色。我们依靠这个理论收集星体的光线，测试行星外大气的成分和星体旋转的速率，今天在光盘播放器里、超市收银台上和牙科诊所里，激光射出单色的光线基于此理论可靠地运行着，继续造福人类。

牛顿发现光的散射现象看似是机缘巧合，谁想得到一个没人关注的玩具能引发如此伟大的科学发现呢？除了具备一个自然科学家善于发现、勤于动手、精于思考的基本素质，牛顿还持有对光的执念。多年以前，那个小村里、小镇上的少年，在村口的大钟下，药房小阁楼的窗口，教堂的花园里，痴迷地对着阳光发呆，冥冥中接受着光的指引去发现其中的深邃奥秘。

疯狂实验

没有人能体会和分享散射实验带给牛顿的狂喜，他继续孤独地享受着钻研学术的愉悦。由“色散实验”获知光线基本单位是单色光，牛顿随即得出另一个结论：世间万物呈现出的各种各样的颜色是因为物体吸收了某些颜色的光，而将其他颜色光反射出来的结果。比如绿色的树叶是因为吸收了其他颜色的光线，只反射出绿色光而呈现出我们视觉下的绿色。

随着发现的同时，牛顿又产生了疑问：人的视觉所见，到底是客观实际存在的景象，还是我们脑子里产生的主观印象？于是，他开始关注眼球的运作机制。牛顿最开始是观察动物的眼球，继而又在自己身上进行更多关于光学的实验，而其中有些内容甚至是近乎疯狂的。

我们从现存一些牛顿当年的实验记录和信件内容里挑出几个实验看一下：

1. 用羽毛或黑纱遮在眼睛前，对着阳光就可以看到美丽的光彩。

2. 我用右眼透过玻璃片看太阳，瞬间转身面向房间里黑暗的角落，睁大眼睛来观察暂留印象。最初我看到一圈圈有色的光环，接着光环逐渐减弱，最后终于消失。如此反复操作几小时后，我的眼睛就无法看到任何有光亮的物体了。眼前只呈现一个大太阳，使我无法正常地读和写，只好把自己关在黑暗的房间里。直到三天之后，视力才恢复。在那三天里，我用尽一切方法试图逃出太阳的幻影。

3. 我挤压眼球，就会看到很多白的、黑的和其他有颜色的光环。当我不断地揉搓眼球时，那些光环会更加显著。但是，如果眼球静止不动时，光环就会逐渐变弱直至消失。当我再度揉搓眼球时，光环又重新出现。

如今，连小孩子都会知道牛顿这些举动有多么疯狂和危险，很有可能会导致受伤甚至失明，千万不能模仿。

但恰恰是这种对学术的痴迷和疯狂，才有可能做出有别于普通人甚或是普通科学家的伟大贡献。真是“不疯魔不成活”啊！

牛顿在完成了初步的伟大发现后，并没有像平常科研学者一样马上在学校里或学术圈里公布出来，而是继续以此展开更多的探究。在牛顿日后的研究工作中，这样的例子屡见不鲜。究其原因，一来是因为牛顿从来对名和利没有什么追求，他做研究只是为了探索宇宙的一切奥秘，解答自己心中的疑问；二来也因为牛顿对一项研究的追求从不是浅尝辄止、不求甚解，一定要究其根本，搞清楚现象背后的理论和本质。

在他做完这一系列的光学实验后，依据发现的客观现象，得出自己在光学领域里的一些初步理论。但是，在牛顿接下来试图用数据、公式和图表来阐述这些理论时，遇到了障碍。这就是当时的牛顿在学术上的一个短板——数学。

恶补短板

前面我们提到过，牛顿在中学时期没有接触过真正的数学教育，学过的也只是简单的算术而已。即便在剑桥大学的头一两年，学院里也没有我们今天常规的几何、代数、三角等课程，更不要说高等数学了。牛顿的数学知识主要来自大学初期自己阅读的一些相关著作，比如沃利斯的《无穷算术》、笛卡尔的《几何学》等。

他慢慢意识到，数学是进行任何种类的科学研究必备的武器，是科学家必备的一种“语言”。不懂数学语言，就无法阐述你的理论，任何研究都将寸步难行。比如，有一次牛顿想要绘制一幅天空的星象图，才发现没有几何学的知识根本没法准确地完成工作。于是，他从图书馆找来一本古希腊数学家欧几里得的著作，想学习一下相关知识。谁知，牛顿看了一些书里的内容，觉得那些定理和名词都十分简单，还奇怪怎么这些不证自明的公式还会被写成学术书籍呢？

于是，他决定求助自己的导师。普林教授看到这个弟子如此专注于学业，不免生出爱才之意，所以并没有开出一个书单打发牛顿，而是把他推荐给了一位著名的数学老师——巴罗教授。

艾萨克·巴罗，这位与牛顿恰好重名的教授，是当时著名的数学家。当普林教授推荐牛顿来的时候，巴罗也很好奇怎么会有学生有志于数学研习，于是决定测验一下牛顿的数学水平有多高。巴罗教授手里拿着测验答卷，边看边不时发出吃惊的声音：

“咦？”紧接着又是一句，“嘿嘿！”然后摘下眼镜，上上下下打量着牛顿道，“你也叫艾萨克？”

牛顿一时间被看得发慌，心想这位教授不会像普林教授一样古怪吧，赶忙赔笑答道：“是的，教授。”

巴罗教授还在盯着牛顿，眯着眼睛凑了上来，问道：“你的数学是谁教的？”

“我……我自学的……”牛顿更加紧张了，真不知是福是祸。

“哦？自学的？”巴罗教授踱回桌子后面，把测试答卷往桌子上一铺，“那你给我讲讲，你是怎么做到没学会走就学会跑的？”

“什么？教授。”牛顿这下彻底糊涂了，“什么走啊跑啊的？”

“你自己看看呀！”巴罗边笑着边用手指在答卷上比画着，“欧几里得的初级几何题答得一塌糊涂，嘿，笛卡尔的高级解析几何题反而解得无可挑剔！”

“呵呵，是这样啊。”牛顿总算明白教授的意思了，颇为得意地说道，“我觉得欧几里得的几何太浅显了，就疏忽了。”

“疏忽？”巴罗教授的脸色沉了下来，摇了摇头说道，“你根本就没把欧几里得的理论基础吃透，科学研究容不得疏忽大意啊！”顿了一顿，接着说道，“年轻人，千万别因为小聪明而沾沾自喜，走路走不扎实就想跑，是要摔大跟头的！”

牛顿的脸唰地红了，在饱学的著名教授面前耍小聪明实在不应该。那些看似过于简单的初级数学知识都因自负而忽略了，难怪在实际运用中出现那么多障碍。随即，巴罗教授给牛顿逐个题目简单指点了一番。经过简单沟通，巴罗教授欣慰地发现牛顿在数学上有特殊的天赋，属于一点就通的好学生，于是留下一句话：“明天来听我的课吧。”原来，这位数学教授在这一年刚刚获得了“卢卡斯讲座”教授的职位，开始教授数学课程。

亨利·卢卡斯早年毕业于剑桥大学圣约翰学院，曾就任国会议员。1663 年卢卡斯于伦敦病逝，他在遗嘱中提出用自己的遗产设立一个数学讲座的教授职位，年薪

100 英镑。这个讲座就此命名为“卢卡斯讲座”，讲授数学以及其他自然科学的课程。首任“卢卡斯讲座”教授席位即授予了数学家巴罗博士。巴罗在剑桥大学先后担任过希腊文、哲学和数学教授，在数学、天文学、物理学几个领域都有很深的造诣。

这对师生的相逢颇具意义，不仅让牛顿在数学领域上有幸得到名师指点，使他以后的一系列伟大发现顺理成章，也展现了自然科学领域的伟大传承。在未来很长一段时间里，“卢卡斯讲座”教授也将是牛顿的头衔。

建立体系

牛顿在学术上的悟性无疑是出类拔萃的，而在数学领域里尤显天赋异禀。在随后的短短不到一年时间里，他的数学水平突飞猛进，令老师巴罗都惊讶不已。后人在牛顿的个人图书室里发现折角最多、破页最多的一本书就是巴罗所著的《欧几里得几何学》。在把这个学术短板迅速补齐后，牛顿已经和刚入学时不可同日而语了。他已经在数学、物理学、化学、天文学这些最基础的学科领域上积累了足够的知识储备，还做过大量的科学实验，记录了翔实的实验数据，更重要的是，他已经建立了自己的研究体系。这个科学的研究体系即是“通过阅读理论经典和观察有意义的自然现象产生假说，再用数学语言进行阐述和论证，最后用实验来验证假说，从而形成一个理论”。而与牛顿同时代的自然哲学家们，很多人只做到了其中的一点或两点，即便有人也能践行

＊

为纪念牛顿光学重大发现而创作的具有神话色彩的版画

这个研究体系，但没有几个人能像牛顿那样同时拥有敏锐的洞察力、卓越的数学天赋和超强的动手实验能力，以及对学术的痴迷和执着。

当然，巨匠的成功绝非偶然，除了天赋还有刻苦。四年大学时光就在书本上、笔尖上和实验室里不经意地飞速流逝，转眼已到了毕业的时刻。1665年初，牛顿顺利通过了学士学位考试，同时被录取为硕士研究生，即将开始在剑桥大学的继续深造。

此时牛顿正雄心勃勃地憧憬着未来的学术生涯，谁知命运之神再度打开了潘多拉的魔盒。一场大灾难即将改变所有英国人的生活，开启了很多人的梦魇之年，而吊诡的是，也开启了牛顿的“奇迹之年”。

超越自然的奇迹，
总是在对厄运的征服中出现的。

——

弗朗西斯·培根
（英国哲学家）

第五章

1665

奇迹之年

1665年6月

伦敦

傍晚时分，黑云压城。暴雨刚过，拖家带口的王公权贵、富商士绅们都被堵塞在出城的道路上。马车夫们在奋力地挣扎着，试图从当下的混乱中带着雇主逃离。泰晤士河畔上同样挤满了争夺一切可以利用的船只的喧闹人群。城里却一片死寂，好像整座城市被上帝按下了静音键，只有微弱的哀号声和悠远的丧钟声在街巷里时隐时现。运送尸体的灵车艰难地在泥泞中行进，衣衫褴褛、手持白色令牌的妇女在登记着死亡数字，几位浑身包裹严严实实的护士在钉着木条的住户门前放下食物，被大量扑杀的猫狗横尸于污水沟里，潮湿、腐臭的雾气弥漫每个角落。即便是暂时健康的人也留下了遗嘱，患病的人更是苟延残喘，无力逃脱城市的人们脸上已经没有了两三个月前的惊愕和恐慌，代之以空洞、木然的眼神，审视着眼前的人间地狱，似乎无力抵抗这“末日审判”。

伦敦瘟疫

1664年秋天，一颗彗星划过天际，并且直到次年1月才在人们视线里消失。1665年3月，第二颗彗星出现。在17世纪的欧洲，彗星降临即是不祥的征兆，来自上帝的警告。从睿智的自然哲学家们到蒙昧的普罗大众，无一不被这奇幻的天象震撼着。随之而来的是各种耸人听闻的谣言：某地天降血雨；某地诞生半人半兽的怪物；彗星的尾部呈现诡异图形；未来的1666年即是世界末日。随着两颗彗星接连出现，人们似乎已经接受了“末日审判”已成定局的事实，纠结的只是时间早晚的问题。

1665年4月，伦敦城里开始出现少量因瘟疫死亡的记录。鼠疫病菌通过跳蚤传播到人类，迅速在城市蔓延。患者先是在皮肤上出现水疱和斑点，然后是红疮，最后是可怕的黑色肿胀，所以这种瘟疫被称为“黑死病”。14世纪在欧洲发生的大瘟疫夺走了2500万人的生命，超过当时欧洲人口的三分之一。随后数百年间，鼠疫仍然不断肆虐欧洲大陆。到了17世纪，英国已幸免于瘟疫好几十年，所以民众对即将来到的灾难显得猝不及防。到了6月，疫情以每周死亡上百人的速度侵蚀伦敦居民，7月的数字上升到每周上千人，8月底的数据更是到了每周6000人。

以当时的医疗和科技水平，政府对这样的大瘟疫自然是束手无策，甚至会发布雪上加霜的政令，比如扑杀误以为元凶的猫狗，结果导致鼠类更加肆虐。最后，只能把城市的命运交给时间。疫情直至当年年底才逐渐消失，夺走了总计10万人的生命，五分之一的伦敦人罹难。

经此大劫，人们更加相信彗星带来的凶兆，忍受着身心的双重折磨。但是，在那两颗彗星出现的时候，也有人异常兴奋地在夜晚一边通过望远镜观测一边记录着数据。这些人就是当时爱好天文学的顶尖自然哲学家们，比如前面提到过的驻留伦敦的波义耳和胡克，身在牛津的雷恩，还有在剑桥默默无闻的牛顿。

再次返乡

1665 年初的几个月，牛顿仍在剑桥大学三一学院里继续他的数学研究。这期间，他先后发现了逼近级数法、提出了《二项式定理》以及发现计算切线的方法。这算是牛顿小试牛刀，展现了他数学方面的过人天赋。当那两颗彗星先后划过天空时，牛顿也和那些当代学者们一样被深深震撼了，继而把目光从数学转向了浩瀚的宇宙天体。

普通老百姓仍在彗星带来的末日征兆里瑟瑟发抖，牛顿却在痴迷地观测彗星的形状、运动速度和轨迹，不断记录着彗星的位置数据。他的脑子里继而生出很多的问题：彗星从何处来，飞向哪里？它的速度有多快？它的飞行轨迹是什么样？现在出现在头顶，一个月后会在哪里？

按照牛顿自己的研究体系，在问题出现后，需要用“数学语言”表述出来，再试图提出假说并找到答案，最后用实验数据来验证假说的正确性。可是，牛顿马上就发现，以他现在具备的数学知识，无法完成描述天体运动的工作。在此之前，牛顿学到的知识都是三角、几何、代数这些描述静态世界的“数学语言”，基本上还停留在古希腊先贤的水平上。如果要阐述诸如“多远、多快、多高、轨道、面积”这类物体运动产生的变量的问题，必须有更高级的数学方法。

正当牛顿苦思冥想这个尚处于朦胧阶段的研究方向时，伦敦暴发了大瘟疫。剑桥大学城虽然受到鼠疫影响比较轻微，但鉴于伦敦城的惨状，不得不停止一切教学活动，并关闭了学校。牛顿的学院生涯戛然而止，只能打点行装，于 7 月踏上了归乡之路。

不管是因祸得福还是水到渠成，在回乡隐居的 18 个月中，牛顿通过心无旁骛地潜心研究，在光学、数学和力学这三个领域，都取得了开拓性的重大进展。他一生最伟大的发现和发明，以及几部影响人类进程的巨著，追根溯源，都是在这不到两年的时间里获得灵感、产生雏形的，因此才能在多年后由量变发展到质变，成就他的伟大功业。1665 ~ 1666 年，被后世称为牛顿的“奇迹之年”。纵观人类科学史，能与之比肩的只有爱因斯坦在 1905 年一口气发表了 5 篇划时代的物理学论文。要想参透他是如何在几乎与世隔绝的 18 个月里产生如此多的奇思妙想，投入了多少超乎常人的精力，怎样获得了伟大发现，那就让我们跟着 23 岁的牛顿回到伍尔斯索普庄园。

奇迹之年

踏入阔别 4 年的庄园大门，牛顿的心情依旧平静如水。

对于母亲汉娜来说，站在眼前的儿子却已脱胎换骨。当年离家求学时的懵懂少年已变成风度翩翩的青年学者，剑桥大学的研究生。一直想着让儿子继承家业务农的汉娜，此时也备感愧疚和欣慰。即便没有将来震古烁今的伟大成就，仅以牛顿现在的学者身份，也已经使家族阶层地位有了不小的提升。将来牛顿学成归来，有一份体面的牧师或教师职业，弟弟妹妹也已长大成人，一家人足可以尽享天伦了。于是，在一天晚饭后，汉娜提起了将来的打算：

“艾萨克，明天我约好了去会见村里的牧师，你和我一起去吧。”

“不行啊，明天我要去镇上，妈妈。”牛顿答道。

“你改天再去吧，”汉娜说出了真正的意图，“你也毕业了，该找份体面的工作了，你也知道的，村里老牧师身体不太好呢。”

“妈妈，我不想做牧师，等瘟疫过去，我还要……”牛顿心中自有打算，又不愿正面违抗母亲的意愿。汉娜不会想到，儿子这次回来只是暂时的蛰伏，还有波澜壮阔的人生历程等待他去开创。

牛顿到家的第二天，即动身去往格兰瑟姆，拜访两位恩师——药剂师克拉克和老校长斯托克斯。师生久别重逢，难免一阵嘘寒问暖。老校长自然很欣慰于当初自己没有看错这个天才少年，而克拉克先生也在言谈间惊讶于当年阁楼上的少年如今已经有了令人望尘莫及的学术能力和思想。直到夕阳西下，牛顿才依依不舍地离开小镇。他频频回首，难忘啊，格兰瑟姆。

回到家安顿妥当，抛开俗事干扰，牛顿一如既往地一头扎进学术研究里。无论是何时何地，发生什么状况，学习和研究都是他的人生第一要务。整理好思绪，牛顿又把研究方向拉回到在观察彗星后产生的想法上。

牛顿知道，要想用“数学语言”来准确描述天体的运行轨道、速度等参数，主要涉及两个难题：求曲线的曲率和曲线下的面积。在牛顿之前的数学家也曾研究过这两个问题，包括法国的笛卡尔和自己的恩师巴罗教授等人，但是他们只是涉及一些细节，并没有给出终极的解决方法。

实际上，牛顿从1665年年初已经开始研究这两个问题，提出了一种求和法：将曲线分割成无穷小的弧线线段，再把无穷段小弧线相加。后来，他又推导出求曲线曲率和曲线下面积的方程式，他把这种算法定义为“流数术”。其中介绍的两种算法，“正流数术”即“微分法”，“反流数术”即“积分法”，合起来就是我们现在熟知的“微积分”。

发明权之争

微积分是17世纪一项伟大发明，是数学领域里变量计算的突破，从此进入“变量数学”时代。同时它也使科学家们拥有了前所未有的利器，是天文学、物理学等科学研究领域以及航海业、工业、航空航天业等应用领域发展的基础。但我们翻开现在的教科书却发现，微积分定理叫作“牛顿—莱布尼茨公式”，这就引出了另一位伟大的科学家——莱布尼茨，也引出了牛顿与莱布尼茨之间长达40年，乃至在双方都去世后学界仍然争论不休的一桩公案——微积分发明权之争。

为了清晰地表述整个事件的发展过程，我们列出一个时间表：

1665年　牛顿提出“流数术”。

1669年　牛顿把短文《论分析》给了出版商柯林斯，文中提及“流数术”。

1676年　莱布尼茨两次写信给牛顿请教求曲线下面积的问题，牛顿以密语回答。

1684年　莱布尼茨发表微分论文，采用了微分符号。

1686年　莱布尼茨发表积分论文，采用了积分符号。

1687年　牛顿出版《自然哲学的数学原理》，提及“流数术”，也提到莱布尼茨使用了同样的方法。

1704年　牛顿出版《光学》，收录两篇关于微积分的论文。

1712年　英国皇家学会成立委员会调查微积分优先权之争，结论是牛顿为第一发明人。

1714年　莱布尼茨发表《微分的历史和起源》。

1716年　莱布尼茨去世。

时间脉络大致如上，其实从史料上看，当事人双方最初各自独立研究着微积分算法，随后也有过愉快的沟通，后来事态的扩大主要是由于双方的支持者煽风点火所致，还有一个原因是牛顿由来已久的习惯——不愿意轻易发表自己的学术发现。此事的争端甚至导致了代表牛顿的英国数学界与代表莱布尼茨的欧陆数学界分道扬镳，各自坚持用自己的体系，为当时的学术交流平添了障碍，以至于一定程度上影响了英国数学领域的发展。

随着莱布尼茨去世，学界争端逐渐平息。如今，纷纷扰扰已沉寂于故纸堆里，但两人的发明权之争及他们的奇闻逸事仍是历史、科学爱好者津津乐道的一段典故。年纪相仿的两人有不少相似之处：出身不算高贵，父亲很早去世，家境还算殷实；少年天才，青年出道；生活中孤独，学术上勤奋严苛，终身未婚，也无子女。而他们的不同之处同样明显：牛顿出身农村，从大自然开始认识世界，而莱布尼茨在大学环境里成长，从书本上开始发展认知；牛顿生活上崇尚古典主义的节俭，莱布尼茨则多了些巴洛克式的浮夸；牛顿在学术上的特点是“专而深”，莱布尼茨则是“专而广”；牛顿性格孤傲，不善交际，长期处在学术圈，对政治没有兴趣，莱布尼茨则个性开放，喜欢社交，有着法律和政治方面的抱负；牛顿去世时行国葬之礼，葬于威斯敏斯特教堂墓地，名流扶柩，无数人送葬，而莱布尼茨去世时孑然一身，只有秘书陪伴，略显悲凉。

这两个人如今被拉到了一个公式里，那就让我们心平气和地客观评价一下他们在微积分领域的贡献：

1. 微积分由牛顿、莱布尼茨各自独立研究所得，牛顿为第一发明人；

2. 牛顿基于运动学研究出流数术，莱布尼茨基于代数学研究出微积分；

3. 牛顿的微积分体系在当时的物理学上有很强的实用价值，莱布尼茨的体系则更严谨，而且他创设的数学符号更简便实用，以至沿用至今。

戈特弗里德·威廉·莱布尼茨（1646 ~ 1716），德国哲学家、数学家，历史上少见的通才，被誉为 17 世纪的亚里士多德，在数学上独立发明了微积分，发明了二进制；在哲学方面预见了现代逻辑学和分析哲学的诞生，是最早接触中华文化的欧洲人之一；在政治学、法学、伦理学、神学、哲学、历史学、语言学诸多方向都留下了著作。让我们记住他。

*

戈特弗里德·威廉·莱布尼茨（1646 ~ 1716）

我经常将一些问题摆在眼前，
等待第一道曙光缓缓出现，
再一步步地看到充盈、明晰的光芒。

——

艾萨克·牛顿

第六章

1666

苹果落地

1666年9月2日

伦敦

凌晨时分，位于布丁巷的面包店老板托马斯·法里纳被浓烟呛醒，他马上发现是烤炉失火引燃了楼梯。起初火势并不大，当伦敦市长闻讯赶到现场，他睁开惺忪的睡眼草草看了看，不耐烦地说了一句："这点火，一泡尿就能解决。"要知道这是个周日的凌晨，谁都不情愿工作。但是很快，一阵大风把火苗刮到了附近的街巷。此处是底层百姓的聚居地，商店、仓库、公寓、小酒馆和垃圾场都不分彼此地纠缠在一起，因多为木质建筑，再加上近期干旱，于是风助火势、火借风威，一间间房屋接二连三、牵五挂四地被大火吞噬。人们此时才开始醒悟，纷纷加入救火队伍。可由于地形复杂，水车根本无法进入街巷，汲水的消防泵也形同虚设，消防队员不得不一桶桶地从泰晤士河取水，效果自然是杯水车薪。火情很快惊动了国王，他见此情形，下令在火势即将蔓延的区域拆除房屋以建立隔离带，以此断绝火源。查理二世甚至手持铁锹亲自上阵，还在肩膀上挂上一小袋金币用以奖赏参与灭火的人员。但火势已成，并分成两路逐渐蹿烧至整个城市。此时，历时一年多的大瘟疫尚未消除，伦敦人再一次在这火光冲天的人间炼狱中默默祷告。

绳子与石头

好了，让我们回到1665年的伍尔斯索普庄园，这里远离瘟疫和喧嚣，接下来的几个月时间里，牛顿在恬静的农庄生活中专心做自己的研究。自从他在微积分方面有所小成以后，已经完成了自己“奇迹之年”里最重要的两个发现之一，于是牛顿开始着手另一项关于天体运动的钻研。

第一个出现的问题就是：行星运行的轨道是什么样的？

早在16世纪初期，哥白尼就提出了“日心说”，但是他的观点是太阳是宇宙的中心，所有行星围绕太阳做圆周运动。这个理论显然是不够准确的。到了16世纪末期，丹麦天文学家第谷仅通过肉眼常年观测天体便留下了大量的数据并撰写了《鲁道夫天文表》。随后他的继任者德国天文学家开普勒根据第谷遗留的数据和自己的潜心研究发现行星的轨道并不是正圆形而是椭圆形，继而提出了著名的“开普勒三大定律”，描述了行星运行的轨道定律、面积定律和周期定律。至此，行星运行的问题有了初步的答案，但是这些理论只是根据观测数据得到的结果，并没有数学公式能够阐述和通过实验能够论证。

于是就有了第二个问题：是什么促使行星做椭圆运动的？

与开普勒同时代的意大利科学家伽利略通过大量的运动实验提出了“力改变运动”的说法。这两位巨匠的理论深深地影响了牛顿，为他将来的一系列伟大发现做了奠基。

前人的种种探索方法都盘旋在牛顿的脑子里，苦思冥想的他经常在庄园里的草地上独自发呆，家人们也习以为常。一天午后，牛顿最小的妹妹，取了和母亲同一个名字的汉娜·史密斯，托着一盘点心步出庄园，向树下呆坐的哥哥牛顿走去。虽然儿时这几个孩子经常吵吵闹闹，但各自成年后，牛顿对弟弟妹妹还是关怀备至的，尤其疼爱这位最小的妹妹。小汉娜也对这位剑桥大学的学者长兄崇敬有加。此刻她远远地看到，牛顿坐在树下，用绳子拴住一块石头在头顶上转圈。于是她紧走几步，要看看这个怪人到底在做什么。

“艾萨克，吃点心吧。”小汉娜放下餐盘，笑着问道，“你一个人在这儿做什么呢？”

“哦，没什么没什么。正好有点饿了，谢谢你。”牛顿放下石头，顺手抓起一块点心吃起来。

“你都多大了，怎么还玩这个？”小汉娜看着哥哥戏谑道，“小时候没玩够吗？”

“呵呵，你不懂的。”牛顿笑了笑，“快回去吧，刚才妈妈找你来着。”

小汉娜不情愿地离开了，走到半路一回头，看到牛顿又转起了绳子，而且转着转着，突然一松手，把石头“嗖”地一下抛了出去。小汉娜自然是不会明白个中奥妙。原来，牛顿做的是一个困扰很多科学家的实验，用石头转动来模拟行星的运行，目的是想探明什么让石头保持围绕一个点做圆周运动。

牛顿通过实验发现，如果转动时松开绳子，石头就会沿圆周切线方向飞出去。于是他渐渐领悟到这个使石头飞出去的力和绳子拉力同时作用，才让石头保持了圆周运动。这两个力就是我们后来说的“离心力”和“向心力”。

那么这个力有多大？怎么计算？这时，牛顿之前创造的算法——微积分派上了用场。他设计了一个“臆想实验”来试图计算出这个力。他首先设想了一个圆形，再内接一个正方形。一个小球沿着方形轨迹运行需要的力是可以算出来的，然后把正方形扩展为无限多边形，直至无限接近于圆形。用微积分方法就能算出让小球保持圆周运动的离心力的大小，并能描述力与距离的关系。把这个方法运用到天体的运行上即得出了这个结论：（行星）脱离太阳所需的力（离心力），与它们到太阳的距离的平方成反比。

这就是著名的“平方反比律”，维持行星运转的离心力和向心力都遵循这个规律。牛顿在此基础上，通过了 20 年的不断研究，随着一些重要数据（比如地球半径的准确数据）的披露，牛顿在月球绕地球运动的轨道上验证了这个规律，继而结合地球上自由落体的一些实验成果，最终发现了上至宇宙天体、下至地表万物同时遵循的伟大力学原理——万有引力定律。提到万有引力定律，自然会想到一个众所周知的典故——“苹果落地”。

苹果落地

这个故事流传甚广，几乎无人不知，连不了解科学史的人和几岁的小孩子都耳熟能详。那么牛顿真的因为一个苹果就发现了伟大定律吗？我们先来看看这个故事的几个版本：

1. “斯蒂克利说”——1726年，牛顿的友人也是他的第一个传记作者——斯蒂克利拜访牛顿。斯蒂克利后来回忆道：“在几株苹果树的树荫下，只有他和我两人，我们谈论了许多事情，他告诉我，当年正是与此相同的情境下，重力的观念进入了他的脑海，那一刻刚好落下一个苹果，于是他开始陷入冥思。”

2. “伏尔泰说”——在牛顿的崇拜者伏尔泰的著作《牛顿哲学原理》中写道：“牛顿的外甥女康杜伊特太太说，牛顿回到乡下之后，看到园子里的果子落满地。就在1666年的某一天，他陷入深思之时，忽然想到物体掉落所划出的是一条直线，如果这条线一直延长下去，它几乎会通过地球中心。”

3. “彭伯顿说”——牛顿著作《原理》第三版的主编彭伯顿曾经描述这个事件：“导致他写出《原理》的最早思想启发，是在1666年逃避大瘟疫、从剑桥回家之后产生的。他时常独坐在果园里，并陷入对重力的沉思。”

除了这几种说法以外，还衍生出不少版本，甚至有“苹果砸到牛顿脑袋上使他顿悟”的情节。关于这些说法是否真实，如今已无从探究明白。但我们从牛顿这18个月的心路历程以及之后发生的一些事实来分析，在伍尔斯索普躲避瘟疫的时间里，牛顿并没有那么轻易地发现这个伟大定律，而发现定律的决定因素也绝不会是一个苹果引发的灵感突现，而是牛顿自1665年起的20年中矢志不渝的刻苦钻研。用他自己的话可以对此加以诠

*

这是一个广为流传的故事：1666 年的一天，牛顿在伍尔斯索普自家庄园的一棵苹果树下思考着宇宙的难题，一个熟透的苹果突然落下，那一瞬间，牛顿灵感乍现，一下子发现了“万有引力定律”……

释，当有人问及牛顿是怎么想到这些伟大发现时，他回答说："我经常将一些问题摆在眼前，等待第一道曙光缓缓出现，再一步步地看到充盈、明晰的光芒。"

那个苹果，或是一个梨，或是飘落的雨滴，或是多年来的努力求索中映射在脑海中的世间万物和日月星辰，最终汇聚起来，发出了正确的指引。如今，伍尔斯索普庄园故居里有一棵苹果树，受到后人的瞻仰。我们愿意把那个苹果当作一个象征，激励着科学工作者们坚持科学的信仰而前行，鞭策着年轻学子们秉承牛顿刻苦钻研的精神而治学，也引领着少年儿童们带着对自然和知识的渴望而迈进科学的殿堂。

如果说"苹果"可能是虚构的，那么"奇迹之年"却是实实在在的。这 18 个月的奇迹之处在于，牛顿研究出了微积分的高级数学算法，并应用于描述天体运动的推导中，才使后来一系列伟大发现成为可能。"微积分"和"力与运动"这两项研究，缺一不可，相辅相成。而"回乡避难"是否促成了奇迹发生就不得而知了，只能感叹造化弄人。

伦敦大火

在牛顿蛰居伍尔斯索普创造奇迹的时候，伦敦发生了罕见的大火灾。从 1666 年 9 月 2 日凌晨起，大火连续烧了 4 天，欧洲最大城市伦敦大约六分之一的建筑被烧毁，包括 87 间教堂、44 家公司以及 13000 间民房。当大火终于渐熄，人们赶到已成一片废墟的圣保罗大教堂祈祷，愿接踵而至的灾难不再发生。随后人们就会发现两个好消息：一个是大火灾并没有造成多少人员死亡，据统计只有 5 人罹难；另一个是，肆虐伦敦一年多的瘟疫也被大火烧了个干净。

后人已经知道，1666 年并不是世界末日，而恰恰是现代社会的开始。战争、瘟疫、火灾折磨着人类，肮脏、混乱、噪声充斥于生活，疑惑、恐惧、绝望占据着脑海，在 17 世纪末的世界，人类渴望一种新的社会秩序。探索新秩序的先行者就是一大批自然哲学家，他们将在各个领域引领人类走出黑暗。

1667 年初，剑桥大学复学，牛顿早已迫不及待地打点行装，踏上旅途，踌躇满志地回归学术圈，等待他的有波折坎坷，更有灿烂辉煌。

在望远镜的末端，
我曾看见上帝经过。

——

艾萨克·牛顿

第七章

1671

初露峥嵘

1671年年底

伦敦 皇家学会

一个周六下午，皇家学会会议室里聚集着当时英国顶尖的自然哲学家们。当天的会议由学会实验室主任罗伯特·胡克主持，他拿着一张备忘纸念道：“最后一项议程，由艾萨克·巴罗教授展示新款望远镜。”说毕他打了个哈欠，似乎想尽快结束会议去喝杯咖啡驱除午后的困意。这个展示提不起他的兴趣，要知道，胡克可是这个领域设计和制造的专家。巴罗教授两手空空地缓步走到讲台前，简短地向与会人员致意。在众人疑惑的眼神中，他伸手从学者袍的兜里慢慢地取出一个小布包放在台子上，随即打开布包，把一个小巧精致的仪器小心翼翼地放在众人面前。在座的内行人已经从外形构造看出，那是个望远镜。不过他们马上就开始窃窃私语，眼前这个直径几厘米、长度十几厘米的望远镜能做什么用呢？毕竟，当时的天文望远镜最小的也要一两米长，甚至用更巨大的，才能用来观察天体。“这小玩意儿能看多远？”胡克狐疑地端详了一会儿，随口问道：“您设计的？”巴罗微微一笑答道：“我的学生，艾萨克·牛顿。”

回归学术

1667年初，牛顿回到了剑桥大学三一学院。他在第一时间就跑到了巴罗教授的办公室，把自己这两年探索的学术进展迫不及待地向恩师汇报。巴罗一边摘下眼镜，一边耐心地听着，时而发出疑问，时而凝神思考。不知不觉中，二人已攀谈至深夜，巴罗盯着眼前的年轻人，简直难以置信，真是士别三日当刮目相待。两年前的牛顿还在研究基础的几何学，而现在他的学术造诣已经和当时顶尖的自然哲学家比肩了，那些惊人的发现更是震撼了巴罗教授。“好了，灾难都结束了，沉下心来继续你的研究，前途不可限量。”巴罗重重地拍了拍牛顿的肩膀说道，“另外，你现在的水平足够做我的助理了，从明天就开始吧。”

就这样，师生二人充满信心地投入研究工作中。如果说，在牛顿少年的求学生涯中得到了克拉克、斯托克斯、巴宾顿几位贵人相助，那么在他的青年时代，走进真正的学术圈的引路人非巴罗教授莫属。

艾萨克·巴罗，1630年生于富裕家庭，在三一学院求学时是公认的青年才俊。虽然他一生在学术上的成就没有达到牛顿那样的境界，但也是青史留名的著名数学家和哲学家。他的性格开朗，谈吐风趣，热衷旅行，在学院里喜欢和学生们交流，绝对是诲人不倦的好老师。巴罗十分喜欢这个天才弟子，同时也注意到牛顿的孤僻性格可能会在未来的学术生涯里惹来麻烦。所以，巴罗

*

艾萨克·巴罗（1630 ~ 1677）

不仅在学术上给了牛顿早期的方向指引，在他随后几年的研究工作和生活中也屡次伸出了援手。

这年年底，巴罗就拉了牛顿一把。由于瘟疫导致停学的影响，三一学院的研究员遴选工作已暂停两年，预计当年 9 月重新开启。牛顿极其渴望这个研究员身份，因为这样就拥有了在三一学院的终身工作资格，而不是硕士毕业后回乡成为神职人员。经过几个月精心准备，牛顿顺利地通过了三天口试、一篇论文的测试，并在评议中获得了恩师巴罗和老相识巴宾顿教授的鼎力支持，取得了研究员资格。

确保了研究员身份，就意味着牛顿可以从此一直在三一学院毫无顾忌地按自己的兴趣方向从事研究工作。随之而来的还有物质方面的改善，学院每月会发给牛顿 2 英镑的津贴和购置服装的费用，还提供一间免费使用的工作室。

此时的牛顿志得意满，再加上之前在伍尔斯索普避难期间抽空去格兰瑟姆镇登记了绅士身份，不论在学术地位、社会地位还是经济状况上都有了巨大的改变。于是，在室友威金斯的怂恿下，牛顿罕见地放肆了一回。他出资重新油漆了公寓，购置了新壁画、新家具、新地毯，以及学者袍、假发这些新服饰，还一反常态地和威金斯一起去小酒馆、玩滚木球、玩纸牌。这些违背清教徒信仰的举动，在牛顿孤僻、谨慎的一生中仅出现了这一次。无可厚非，孤独奋斗多年的牛顿是用这种短暂的释放来表达心里的无比喜悦之情。很快，三天以后，牛顿立即回归了研究学术工作。

再探光学

接下来，牛顿在 1668 ~ 1669 年的主要工作就是做巴罗教授的助理。当时，巴罗作为首任“卢卡斯讲座”教授，正在讲授光学课程，需要牛顿帮忙整理讲义。光学研究本就是牛顿的兴趣所在，于是牛顿一边跟随巴罗共同研究光学理论，一边整理自己以前小有所成的“色散实验”结果以求更大突破。此时巴罗教授已经大致了解了牛顿在光学上的初步成果，深觉该理论已经具备很高的学术价值，于是劝他在学术圈发表出来。谁知牛顿并没有同意，一再婉言拒绝。牛顿这种一贯低调的学术态度由来已久，一方面归因于他孤僻内敛的性格，另一方面则由于他追求完美的心态。在没有把一项理论融会贯通、确认无误之前，他绝不会把一两个小发现公之于众的。这让巴罗很头疼，当时的学术圈比较开放，大家崇尚交流，而交流也会促使进步，可除了自己知道这位弟子是个不世出的天才，出了剑桥大学就没有人知道了。直到后来发生的一段小插曲，让牛顿稍有改变。

1668 年 9 月，巴罗教授的一个朋友——住在伦敦的皇家学会院士、数学家兼出版商柯林斯，寄来一本丹麦数学家墨卡托撰写的《对数的技巧》。巴罗看后大吃一惊，因为他知道牛顿在几年前就已经研究出比书中内容高深得多的数学理论了。于是他马上把书交给牛顿。牛顿看完后二话不说，迅速写出一篇短论文《无限级数的分析》，但仍然不愿意让巴罗拿去发表。巴罗觉得这篇论文研究方向和墨卡托书里的内容非常相似，而且更为全面而通用，应该发表出来。于是巴罗继续反复劝说，总算说服他同意把论文寄给柯林斯，但牛顿不愿透露名字。柯林斯看完论文惊喜异常，马上回信极力要求获知作者名字并将论文出版。最终，牛顿在两位前辈的共同劝说下，勉强答应把论文交给皇家学会的专业学者阅览探讨，但还是不同意发表和出版。结果这篇《无限级数的分析》一直到 1711 年才付印。牛顿在发表自己学术发现方面的执拗可见一斑，由此想到，如果他在这几年把微积分的研究成果发表出版的话，也许就没有日后和莱布尼茨的发明权之争了。

巴罗对牛顿的性格无可奈何，同时对他的学术天赋倍加欣赏，发现弟子的研究能力在不少方面已经超过了自己。在牛顿给巴罗当助理的这两年，往往能在学术上提出很多建设性意见和创造性思路。因此巴罗请牛顿为他编撰自己在“卢卡斯讲座”上的光学理论讲义，并在《序言》中表达谢意，称赞牛顿为“饱学睿智之人，他重新订正我的讲义，并指出哪些内容需要改正”。这对师生，一个心胸宽广，一个执着纯粹，都是心无杂念、醉心科研的人，实在是所有学者的楷模。

随着整理老师讲义的工作进展，牛顿在光学领域的认知也逐渐提升，不由得想起 1664 年自己做的那些“色散实验”，于是他决定再设计一些新的实验，以验证和拓展之前得出的理论。由于牛顿的“色散实验”结果并没有发表过，所以当时学术圈里对光的性质还存在错误的认知，学者普遍认为是光在通过玻璃这类的介质后发生了性质改变，实际上牛顿得出的结论是，复合的白光

*

牛顿在实验室展示他的光学实验

被分离成单色光。这次牛顿设计了如下几个实验来验证这个结论：

1. 让白光先后通过两块三棱镜，并在棱镜间放置两张有小孔的卡纸，来筛选出某一个被散射分离出的单色光，再把投射在面板上的位置和面积记录下来，从而得出结论：单色光折射率从小到大依次是红、橙、黄、绿、蓝、靛、紫。由于实验设计得简单明了，被后人尊称为“实验的十字架”。
2. 先让白光通过三棱镜产生光谱，将光谱投射到一面凸透镜上，通过调整凸透镜的角度，把光谱汇聚到后面的墙上，结果出现了一个白点。这就是“单色光复合白光实验”，证明了之前的结论：白光是由单色光复合而成。
3. 在上一个实验的基础上，于凸透镜和墙壁之间设置一个齿轮，因为齿轮挡住了部分光谱，所以墙面上无法复合成白光。但当齿轮快速转动时，在墙上又出现了白色光点。这就是后来我们所说的“视觉暂留效应”。

这一系列实验巩固验证了之前的理论，让牛顿对光学知识有了更加深刻的理解，同时也提起了他动手制作的兴致。牛顿已经不满足于只是设计一些小实验了，于是有了学以致用的想法——利用光学知识做点实用的东西。

*

牛顿自制的望远镜

自制望远镜

牛顿最先想到的就是天文望远镜。要知道，在那个时代，天文学家们都是沿用1608年发明的、后经伽利略以及开普勒分别改进的折射式望远镜。由于目镜和物镜都采用透镜来成像，造成望远镜体型大、重量大而放大倍数低的缺点，最要命的是成像有色差和球面像差。成像不清晰这个问题一直困扰着所有天文学家，同样也让牛顿在几年前观测天体时懊恼不已。现在，牛顿经过这几年对光的色散现象深入研究，于是灵光一现：色差是由光线经过透镜折射造成的，如果能把透镜变成反射镜成像不就解决色差问题了吗？

牛顿除了比其他科学家更早认识到光的色散现象，还有一个优势就是超强的动手能力。他用铜、锡、砷配料制作了一块凹球面镜，亲手制模具、打磨、抛光，再配置金属镜筒和其他零部件。1669年2月，他终于成功制成了一架筒长仅15厘米、镜面直径仅2.5厘米、放大倍数40倍的轻巧便捷的袖珍望远镜。这架望远镜的实用性和准确性远远高于那些动辄好几米长的笨重大家伙。牛顿的绝妙设计和精致工艺在当时无人能及，以至于若干年后伦敦的工艺师们想要仿制这款望远镜，也均以失败告终。

巴罗教授看到牛顿巧夺天工的作品，一番把玩后自然是惊叹不已，即刻就要拿给学术界的天文学家们看看。不出意外，他再一次被牛顿拒绝了。巴罗教授只得暂时作罢，但是眼看着弟子在学术上突飞猛进、成果屡现，却还是在三一学院里做个默默无闻的助理而已，实在不甘心就这么埋没了一个天才。巴罗决定，再推他一把。

“卢卡斯讲座”教授

1669 年下半年，巴罗教授应国王查理二世之邀，担任王室教堂牧师一职。巴罗意识到机会来了，就在欣然赴任之前，他向校方进言，力主由牛顿接替自己的“卢卡斯讲座”教授的职位。1669 年 10 月 29 日，年仅 26 岁的牛顿晋升为第二任“卢卡斯讲座”教授。他从一个大学新生到成为讲座教授仅仅用了 8 年时间。

1670 年 1 月，初为人师的牛顿第一次走上讲台，继续讲授恩师巴罗未完的光学课程。但是他和巴罗的上课内容大不相同，牛顿讲的都是自己在光学上的那些先进的发现以及众多的实验内容，学生们听得一头雾水。由于教学内容太过高深，再加上牛顿的授课风格不像巴罗那么风趣幽默，所以第二堂课来的学生寥寥无几，第三堂课的教室里就空无一人了。牛顿倒是不以为意，即便对着空荡荡的教室也要按部就班地讲授课程，这一节讲讲光学，下一节讲讲数学，下课后照样整理课程讲义。如果当时的学生们知道，牛顿讲授的都是日后那两部旷世巨著《光学》和《自然哲学的数学原理》中的内容，会不会后悔不迭呢？

此后的日子里，牛顿倒是乐得清闲，由于授课任务很轻松，就有大量的时间开展自己的研究和实验。但是，每当牛顿站在空荡荡的教室里，也会想到学生们对先进

*

牛顿参加皇家学会会议，正中坐在椅子上的便是牛顿

的科学知识没有兴趣，学术思想从上到下都有待提高，自己作为讲座教授也有义务对此进行推广。所以在接下来的两年中，他把自己的光学理论一点点完善，一步步论证，逐渐落实到笔头上，准备写一篇较完整的关于光的论著，以推进学术的进步。

一鸣惊人

1671 年年底，巴罗教授寄来一封信，信中大致说明了他在伦敦供职期间接触到了皇家学会的精英们，也希望牛顿能慢慢融入顶尖的学术圈子，增加一些交流机会，对将来的发展大有裨益。此时的牛顿第一次心动了，也自认为时机比较成熟，于是下定决心要试一试。他思来想去，最后决定拿自制的望远镜作为“敲门砖”。

巴罗收到牛顿送来的望远镜，大喜过望，随即拿到皇家学会会议上做了展示。当大家一一试用过后，引起了不小的轰动。当得知设计、制作者是一位剑桥大学的年轻教授后，众人更加赞不绝口。时任皇室天文学家的弗拉姆斯蒂德简直爱不释手，表示有了这个宝贝望远镜，观测天体肯定更加清晰准确，并马上提议推荐给国王。于是，以雷恩为首的几位科学家带着望远镜为查理二世做了演示，受到国王极高的赞赏。

没过几天，牛顿就收到皇家学会秘书奥尔登伯格的来信，信中赞誉有加，并表示皇家学会愿意代表牛顿“保护这项发明，以免被外国人侵占发明权”。紧接着，又收到了奥尔登伯格的第二封信，告知牛顿已被皇家学会创始人之一——天文学家沃德提名为皇家学会院士候选人。1672年1月11日，牛顿正式当选皇家学会院士。

这一系列的荣耀来得太过迅疾，牛顿凭借一架望远镜一举杀入当时英国乃至全欧洲顶级的学术团体，他瞬间品尝到了被学术界认可的喜悦，多年潜心于研究的枯燥、孤寂和辛劳一扫而空。春风得意马蹄疾，2月6日，牛顿把这些年研究光学所得写成了一篇论文寄给了奥尔登伯格。万万没想到，正是这一篇《光与颜色的新理论》，给牛顿带来了意料之外的无尽烦恼，也引出了一位与他纠葛不断的一生宿敌。

如果说我看得比别人更远些，
那是因为我站在巨人的肩膀上。

——

艾萨克·牛顿

第八章

1676

一生宿敌

1676年1月

剑桥大学牛顿工作室

一天傍晚，威金斯带了一篮水果来到工作室看望牛顿。如今这位老友虽然已成为学术新贵、剑桥名人，但常年不规律的作息和饮食习惯摧残着这个刚刚三十出头的年轻人，面容憔悴，眼圈发黑，垂落肩头的蓬松长发已经变成灰白色。威金斯放下水果，照例叮嘱几句，然后把顺路取来的信件交给牛顿，就转身拉开窗帘，蹲下身子整理起地上杂乱的文稿。牛顿放下手头的工作，揉了揉眼睛，从信件里挑出一封，皱了皱眉，随即拆开阅读。突然，他双手奋力一拍桌子，接着把信纸撕个粉碎，继而站起身来，踱到窗口，狂笑几声，然后盯着窗外。威金斯被吓了一跳，一脸狐疑地走到书桌旁，捡起几片碎纸，只见上面隐约的几行字迹写着“我万分欣慰地看到您的论文将我以前提出却无暇完成的理论改良并推而广之”，再一查看落款是“您至诚的朋友——罗伯特·胡克”。

初次交手

1672 年 2 月 8 日，皇家学会秘书亨利 · 奥尔登伯格在例会上宣读了牛顿的论文《光与颜色的新理论》。与会学者们听罢，马上交头接耳议论纷纷，有的似懂非懂，有的惊为神作，也有的频频摇头。论文中关于光的理论和实验方法闻所未闻，听众们短时间内显然无法消化。独具慧眼的奥尔登伯格深知牛顿论文的价值，于是转过头去，把论文交给了身后的皇家学会实验室主任罗伯特 · 胡克，请他审核后在学会刊物《皇家学会哲学通报》上发表。胡克接过来并没有说什么，嘴角却闪过一丝冷笑。

罗伯特 · 胡克，1635 年 7 月 18 日生于英国南部怀特岛费雷斯沃特村，13 岁的时候做牧师的父亲去世，他拿着父亲留下的 100 英镑只身前往伦敦闯荡。在追随莱利爵士学了几年绘画后，被老师巴斯比看中，胡克进入威斯敏斯特公学学习，进而考取牛津基督教会学院；硕士毕业后，被化学家罗伯特 · 波义耳选作助手。

胡克具有超强的动手能力，再加上早年学画的经历，所以很快就成为波义耳非常得力的帮手。他协助波义耳完善了波义耳定律，提出了光的波动说和描述材料弹性的基本定律——胡克定律，设计了真空泵，改良了天文望远镜并通过观测发现了“月球环形山”和“木星大红斑”，研制了复合显微镜并通过观察木头片发现并命名了“细胞”，还出版了内含 58 张精美绝伦的微观图片的《显微制图》。皇家学会聘请胡克为实验室主任，在每周的例会上都要展示由他设计的至少三个实验，而胡克也对

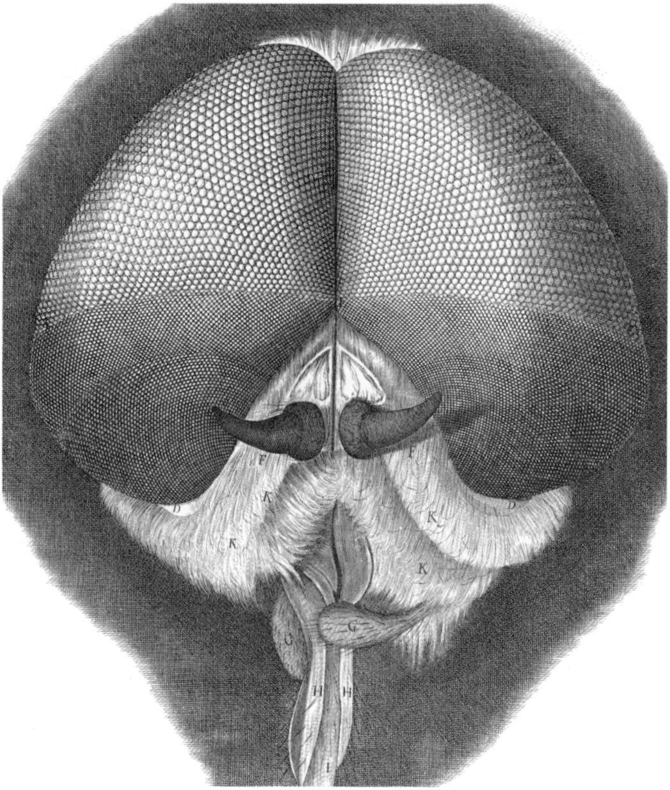

*

罗伯特·胡克的《显微制图》中一张非常著名的显微放大图

——蜂蝇的头部及眼

工作充满热情而且每次都亲力亲为，在广受欢迎的真空泵实验中，胡克在使用了蜡烛、小动物作为实验素材后，甚至自己冒险进入抽去四分之一空气的真空房内完成实验内容。

1666年伦敦大火后，胡克作为测量员和市政检察官参与了城市重建工作，伦敦大火纪念碑和格林尼治天文台就是他的手笔。他的研究范围之广泛堪比文艺复兴时期的杰出人物，在天文学、力学、光学、地质学、生物学、解剖学、制图学、建筑学、机械学诸多领域都有不俗成果，甚至被称为“英国的达·芬奇”。

此时的胡克已是皇家学会以及英国自然哲学界举足轻重的人物，他的设计头脑和动手实验能力为人称道。但是，他的狭隘善妒、恃才傲物也引起很多科学界同人的不满，再加上他本人其貌不扬，个子矮小、面色苍白、双肩不齐还有些驼背，个人生活也崇尚奢靡，沉迷酒色，所以常受到别人背后的嘲讽。他的治学精神也为人诟病，凭着自己的天资聪颖，在很多领域都有所创新便沾沾自喜、夸夸其谈，但都是浅尝辄止、不求甚解，再加上他数学基础知识贫乏、逻辑分析能力低下，往往看问题流于表面而经不起推敲，很多时候是知其然不知其所以然。

在两个月前那次望远镜展示的会议上，胡克就记住了牛顿这个年轻人的名字。看到众人对牛顿做的袖珍望远镜倍加赞赏还拿去给国王演示，胡克的嫉妒之火已经被点燃了。一个年纪轻轻的无名之辈，居然在望远镜这个领域轻易超过他，这让胡克很难接受。他甚至在皇家学会上宣称自己早在牛顿之前就设计出了反射望远镜，而且比牛顿做的还要小，只有3厘米长，甚至能放到怀表里，只是由于工作太忙，又恐找别人加工会泄密，所以一直没能做成。于是当他这次拿到牛顿的论文后不屑一顾，只是走过场似的浏览了一遍，就下了结论——毫无价值，并在审核报告里表示牛顿的实验无甚新意，而且也没有确凿的论证可以支持牛顿提出的关于颜色的假说。

身在剑桥的牛顿获悉胡克给出的报告后自然气不打一处来，但是考虑到自己在皇家学会是个新人，资历尚浅，于是给奥尔登伯格回了一封措辞礼貌的信，同时也表达了对自己理论的坚持，信中最后提到“我毫不怀疑，经过更严谨的检验之后，他（胡克）将会发现我所言属实”。

胡克看到牛顿绵里藏针的信件内容后，意识到这个后辈不好对付。他马上找出那篇论文重读了一遍，以他的小聪明，敏锐地发现了论文中的一个漏洞。牛顿提出的假说是“光的性质是粒子”，然后用“实验的十字架”之类的实验来论证光的“粒子说”。而胡克在此前提出过光的“波动说”，认为光是在介质中通过波动方式传播。这两种假说本就是对立的，在17世纪两种说法各执一词，直到20世纪初才由爱因斯坦提出了光同时具有两种特性的“波粒二象性”。更关键的是，胡克在论文中发现牛顿出现了自我矛盾的阐述，即文章开头说明了假说和理论并不是一回事，但在后文中已经把自己的假说当成了一种理论。于是，胡克针对这点发动了攻击，声称自己不仅反对牛顿的光的“粒子说”，并且论文中的实验也不能论证牛顿的假说而成为一种新理论。

牛顿听说了胡克的言论，就知道胡克根本没有仔细审阅论文，更没有亲手操作那些实验去验证，正要准备反击，此时一位重量级人物来解围了。

克里斯蒂安·惠更斯，荷兰著名数学家、天文学家和物理学家，在当时是和法国的笛卡尔齐名的学术界名宿。他第一次看到牛顿设计的望远镜就十分惊叹，乃至读到这篇光学论文更是赞赏有加，并致信皇家学会称“牛顿先生有关光和颜色的理论，依我看来是了不起的智慧之作”。牛顿获悉后顿感安慰，也就把和胡克的论战搁置一旁了。可没想到，一波未平一波又起，又有人站出来质疑牛顿。

一位巴黎的修辞学教授兼耶稣会教士帕蒂斯指称牛顿的假说是不可接受的，他认为白光被分离成单色光不是因为单色光的波长不同，而是因为进入棱镜的路线不同。他来信恳请奥尔登伯格转告并请牛顿不吝赐教。牛顿收到信后哭笑不得，心下自忖：“连惠更斯都认可了，你一个研究修辞学的门外汉也敢班门弄斧？”接着牛顿就回了好几封信，以教育小学生的口吻和姿态详细地在理论产生的科学方法、实验的真实性和光学的基础原理方面给予解答。最终，帕蒂斯接受了牛顿的解释，就此作罢。可是，作为旁观者的胡克感觉机会来了。

胡克开始在皇家学会煽风点火，质疑牛顿对待同人盛气凌人的态度，一时间激起颇多微词。身为学会秘书的奥尔登伯格不得已给牛顿去信，暗示牛顿今后和学者们在沟通上要低调一点。这一下，牛顿的执拗脾气上来了，回信表示本来要继续发表的光学论文干脆不发了。牛顿这一气，导致他在光学上的一系列成果直到30年后的巨著《光学》才被披露，实在是当时学术界的憾事。因为这件事，牛顿也感受到了学术圈的险恶，从此一直深怀警惕，以致后来的研究论著都不愿意轻易发表出来，导致了两部巨著的出版历尽坎坷。

牛顿蜗居于剑桥独自生着闷气，伦敦的消息时而传来，实在是不堪其扰，左思右想之下，必须把这件事做个了断。1672年6月，牛顿致信皇家学会，信中表达了对胡克质疑那篇光学论文的详细回复。他首先反驳了胡克"假说和理论自相矛盾"的论点，自己提出了光的"粒子说"，并通过了实验论证，但没有把这个理论作为唯一的基本理论。紧接着，文中用数据和事实逐条批驳了胡克的指摘，其内容逻辑清晰、有理有据、用词犀利、简明易懂。这封信在皇家学会上宣读后，获得了绝大多数人的认可，并一致要求胡克在会后对牛顿的论文重做认真仔细的评估，而且要把论文中的实验亲自操作一遍，以验证理论的正确性，并尽快向学会提出综合报告。

这一记重拳打得胡克哑口无言，只得忍气吞声地答应照做。可胡克虽然嘴上不说什么了，背地里还是不肯就这么认输，只是暂时隐忍、伺机而动，而那论文上的实验直到1676年才完成了重做。牛顿终于松了口气，在和胡克的初次交锋中占了上风，可以安安静静地做自己的研究工作了。可他怎么也想不到，没过多久，以前的支持者惠更斯变换了阵营。

纷争再起

1672年秋天起，这位前辈突然一反前态，开始频繁地致信皇家学会，质疑牛顿的理论。当然，惠更斯的确是从纯学术探讨的角度来发出质疑，而且态度很真诚，并没有任何恶意。他和胡克的论调一样，不承认牛顿的实验证实“粒子说”的假说。而且这两人几乎犯了同样的错误，就是并没有任何相应的实验来证明牛顿的理论不成立，而只是在理论层面反驳假说。

牛顿再次怒了，和胡克三番两次的交战刚刚偃旗息鼓，可对方也并没有按照学会的要求重审论文和重做实验，自己的理论还是没能被真正接受。现在连自己尊敬的前辈都理解不了自己的理论，遑论他人。于是，他实在不想再纠缠于反复的解释和论战，直接给奥尔登伯格去信，表示“我虽然很尊重这个团体，但看不出我还能为它做出什么贡献，何况我距离甚远，出席会议又于我无益，因此我要求退会”。

这下又轮到“和事佬”奥尔登伯格来救场了。这位秘书确实值得我们敬佩，他虽然不是学术巨擘，也算不上牛顿学术生涯的贵人，但他爱才心切，一直在用耐心和包容为牛顿遮风挡雨、保驾护航。经过这几年打交道，奥尔登伯格也熟悉了牛顿的脾气，马上回信好言抚慰，并且提出为了补偿牛顿的舟车劳顿，决定免去每季应缴的会费。

牛顿只好顺着秘书给的台阶下了，愤愤之情逐渐平息。

冷静后的牛顿，为了表示对奥尔登伯格的谢意和对惠更斯的尊重，给惠更斯回了一封详细而礼貌的信，表示如果惠更斯仍然无法接受理论的真实性，他将登门亲自为其示范实验。惠更斯当然不会像胡克那般别有用心，他欣然接受了牛顿的诚意，自此不再质疑。牛顿也不再提退会的事了，奥尔登伯格自然乐见于此。争端告一段落后，牛顿缩回了剑桥一隅，减少了和皇家学会的沟通，一边沉心于自己的研究，一边舔舐着心灵的伤口。

巨人肩膀

弹指一挥间，牛顿度过了三年的平静时光，远离学术圈的纷争带来了心灵的安宁，他得以在学术研究上有所进展。这期间，奥尔登伯格时常来信问候情况，为了回报学会秘书的善意关怀，1675 年 12 月，牛顿将两篇新论文寄给了皇家学会。第一篇是《解释光的性质的假说》，内容则为对几年前争议的论文做出更完善的解释。其中说明了光的粒子如何在不同介质中改变方向和速率，从而形成了光的反射、折射和散射现象，再次重申了自己的“白光复合说”和“粒子说”。第二篇是《观察的讲演》，即设计了一系列实验来验证上一篇论文的假说。

殊不知，同样蛰伏三年的胡克正在等待时机，看到牛顿的论文，又开始鸡蛋里挑骨头。他指责牛顿第二篇论文中的实验是从他的著作《显微制图》中获取的灵感。比起胡克无中生有的借口更让牛顿气愤的是，这一次胡克并没有在皇家学会里发表言论，而是聚集了一些朋友在伦敦的咖啡馆里私下开会评议此事，还想方设法地把闲言碎语散播开来，刻意传到剑桥的牛顿工作室里。

而这样的手段只是胡克计划中的第一步，紧接着，他又改变了以前的作战方针。他意识到，学会秘书奥尔登伯格在之前的争端中总在袒护着牛顿，这一次他要绕过奥尔登伯格，使一招“暗度陈仓”。于是他采用了私信交流这种在当时学术圈里极具绅士风度的方式对付牛顿，企图让对方放松警惕进而在往来信件中抓寻把柄。奥尔登伯格心知肚明，但并未表示出任何不满，只是私下去信提醒牛顿提防小人之心。

1676 年 1 月，胡克的信由威金斯带到了牛顿的案头，信中文辞优雅、态度谦和，实际上却是满含讥讽和蔑视：“在下以公正的态度评估您那精彩绝伦的论文。我万分欣慰地看到您的论文将我以前提出却无暇完成的理论改良并推而广之。您把我尚不成熟的工作在各方面都做到几近完美、有条有理、充满创意。如果我的职务允许的话，这都是我的分内之事，尽管我很清楚这只需要具有比您稍稍低劣的才能即可胜任。”

牛顿拍案而起，出离愤怒，三下两下把信纸撕个粉碎。真是明枪易躲暗箭难防，你胡克在皇家学会上如何胡搅蛮缠都能接受，可这么阳奉阴违、阴阳怪气实在是有失学者风度。我牛顿不是那么好欺负的，给你来个“以彼之道还施彼身”！

牛顿用同样伪善的语调和隐晦的含义回复了胡克，信的一开头就表示同意胡克关于厌恶公开争辩的意见，接着又赞赏这种朋友间的私人讨论方式，最后说了一段被后世经常引用，却是300多年间一直被误解的话：

> 笛卡尔迈出了很好的一步，而您则推动了很多方面的发展，特别是将薄片间的色彩引入哲学的思考范畴。如果说我看得比别人更远些，那是因为我站在巨人的肩膀上。

最后这句话广为流传，一般都作为褒义使用。如果置身当时的语境下，就不难读出牛顿绝非恭维，相反是在讥讽胡克是个驼背的小矮子。牛顿纵然是自谦之词，那巨人也只能是开普勒、伽利略、笛卡尔、波义耳、惠更斯等人，绝不会是胡克。

胡克不难理解个中隐晦之意，但也只能哑巴吃黄连——有苦说不出，毕竟这种腔调是他发起的。这次算是偷鸡不成蚀把米，但两人都心知肚明，胡克绝不会善罢甘休。虽然在几次交手中，胡克均铩羽而归，但他会再次隐忍，直到对手下一次露出破绽。

纵观胡克所作所为，确实不具备学者应有的风范和涵养。客观来讲，胡克在很多科学领域都有卓越的贡献，也值得后人尊敬和铭记。但在学术研究上的浮皮潦草导致天资聪颖的他注定达不到牛顿在科学史上的地位。之前我们曾说牛顿的治学特点是“专而深”，莱布尼茨是“专而广”，那么胡克就是“杂而浅”。而胡克的自傲善妒则影响了当时学术圈的健康发展，也造就了自己晚年的悲凉结局。

牛顿也并没有因为屡次胜出而得意扬扬，毕竟他的心思都在自己的科学研究上，而且在他心里，胡克压根儿不是对手。也许就是这种轻敌，给日后的争端再起以及矛盾不可调和埋下了伏笔。胡克并没有那么不堪一击，他将是牛顿一生的宿敌，而更为蹊跷的是，这个难缠的敌人也在误打误撞中帮了牛顿一个大忙。也许有时候，成全你的恰恰是你的敌人。

1677 年，“引路人”巴罗和“保护伞”奥尔登伯格相继离世，年底一把大火烧光了牛顿工作室的大量文稿，紧跟着皇家学会又传来消息：胡克继任了学会秘书一职。牛顿陷入了前所未有的低谷，恩师和朋友离去的悲伤，毕生心血付之一炬的沮丧，对小人得志的不甘，对险恶前途的忧虑，种种打击一并袭来，让牛顿不堪重负。性格本就孤僻的他，再次切断了与外界的联络，缩回自己的小天地，兀自在孤独的研究中寻找慰藉。直到胡克的一封信打破这片沉寂。

真理好比水果，
只有熟透时才能采摘。

——
伏尔泰
（法国启蒙思想家、文学家、哲学家）

第九章

1684

三人咖啡

1684年1月

伦敦

傍晚的伦敦，雾气昭昭。三位身着学者袍的绅士走出皇家学会的会议室，穿过热闹的街巷。走在前面的是手舞足蹈、滔滔不绝的学会秘书罗伯特·胡克，后面跟着的同样瘦小的克里斯托弗·雷恩伸展着四肢缓解一天会议的疲乏，走在最后面的埃德蒙多·哈雷年轻英俊、身材修长、头发乌黑、鼻梁坚挺，一副彬彬有礼的学者绅士模样。三人走进一间经常光顾的时尚咖啡馆，要了饮料，分别落座……哈雷一本正经地说道："今天会上我就没搞懂，行星围绕太阳的运行轨道是什么形状呢？"胡克听罢拍着桌子前仰后合地大笑不止，连雷恩也跟着轻轻笑了笑。哈雷被两位前辈笑蒙了，尴尬地嘟囔道："我确实不懂啊，有这么好笑吗？""亏你还研究天象好几年，学会里哪个不知道，"胡克一脸轻蔑地嘲笑道，然后用手指一边比画着一边敲打着桌面，"椭圆形啊！"

重返家乡

1677 年一整年都是昏暗的，随着恩师和良友的离世，室友威金斯也由于个人发展原因逐渐疏远，牛顿彻底变成了孤家寡人，蜷缩在剑桥大学的工作室里。

1679 年 5 月，家乡传来母亲病危的噩耗。牛顿都没来得及向院方请假，便收拾行李马上返回伍尔斯索普。坐在母亲的病榻旁，牛顿暂时忘记了学术圈的纷纷扰扰。他此时是平静的，看着虚弱苍白的母亲，听着她的喃喃低语，默默地给她喂水喂药、清洗疮痂。赶来探望的弟弟妹妹看着这位长兄比多年前更加冷漠、孤傲，让人生出敬畏之感。家人们也用奇怪的眼神看着这位剑桥回来的教授在厨房里自己调配药品，不敢作声。

然而，牛顿的悉心照料并没有挽留住汉娜。6 月 4 日，牛顿一袭黑衣，带领家族成员一行到 3 公里外的科尔斯特沃思教堂墓园，在牧师“尘归尘、土归土”的祷告声里，送别了母亲。儿时对母亲的怨恨早已灰飞烟灭，人到中年的牛顿默默品尝失去世上最亲之人的痛苦。唯一让牛顿欣慰的是，遵母亲的遗嘱，将她与老艾萨克合葬，而并没有去陪伴继父史密斯。

办理完母亲的后事，牛顿责无旁贷地承担起农庄的产业。几个月里，他处理了遗产分配，清理了家族遗留债务，督促夏耕和秋收工作，把庄园修葺并转租出去，有条不紊地把一切安排妥当。这段时间，俗务缠身反而让牛顿放松了很多，心中的纠葛慢慢解开，到了 11 月底，安心地动身返回剑桥大学。

胡克的重拳

牛顿推开寓所大门，凛冽的寒风顿时掀起了屋里的尘土，一派肃杀之气，一切都和半年前离开时没有两样，除了门口堆积的一堆信件。安顿妥当后，牛顿开始检阅信件，里面大多是皇家学会的学者们探讨学术问题的来信，其中有四五封都是胡克的。牛顿眉头一皱，暗想自己既然是搞学术的，也没法彻底摆脱皇家学会的顶级学术环境而在真空里生存，逃避也不是长久之计，之前的恩恩怨怨也就慢慢释怀了。

胡克那几封信里的措辞极为礼貌得体，热情地告知皇家学会近期的研究计划，还特别表示在研究行星运动的问题上要请教牛顿，甚至不忘亲切地叮嘱牛顿有什么新发现一定要分享，并承诺绝不会公开信件内容，最后谦卑地表明“如果您愿意来信对我的任何假说和意见提出不同的看法，我都将其视为您对我的最大恩惠”。可以想见，胡克刚刚升任学会秘书，自然要表现出一种包容的姿态，尤其是对于这位如今在学术圈已是举足轻重的剑桥大学教授。牛顿在对方谦逊的姿态下自然不好再推托，于是回了一封同样客气的信，表示自己近期忙于家务私事，很久没有涉猎科学研究，所以最近并没有什么学术成果，最后为了礼尚往来，勉为其难地回复了胡克一个科学小谜题的答案。

这个谜题是困扰当时自然哲学家的一个老生常谈的臆想实验：一个物体从足够高的塔顶落下，落地点会因为地球自转的影响而偏离塔的正下方吗？牛顿得出的结论是：若略去空气阻力，落地点会偏向塔的东边一点。他还依据自己的计算画出一幅物体落下的曲线图，说明物体落下的轨迹是螺旋线，并附带了一个实验的设计说明。

没想到，牛顿的小小善意之举，换来了胡克的重重一击。胡克看到牛顿回信极其兴奋，沉寂了这么久，这个眼中钉终于露出了破绽。因为他看出牛顿理论上的不严谨之处，如果高塔位于赤道上，物体落地点是偏东的；但要是高塔在伦敦，落地点则会偏离南边多于东边；还有更重要的一点，物体下落轨迹不是螺旋线而是椭圆线。胡克觉得机不可失，马上就违背了自己那虚伪的承诺，在接下来的皇家学会例会上，得意扬扬地宣读牛顿的回信。更可气的是，胡克还给牛顿去信详细地描述了自己如何读了信，与会者如何反应，自己如何纠正牛顿的错误，学者们如何恍然大悟、醍醐灌顶云云。

牛顿苦笑着读完信，心想果然胡克还是本性难改，不过从学术角度来说，高塔落体这个实验结果确实是自己搞错了。基于一贯严谨的学术作风，牛顿强压怒火回了一封信，信中表示同意胡克关于落地点的结论，并附带了一个实验说明。但是最后牛顿又表示对下落轨迹仍坚持自己的结论，不同意胡克的椭圆轨迹说法。

很不幸，牛顿再次露出了致命的破绽。一味地隐忍换来胡克更加犀利的攻击。胡克马上又把信件在学会上宣读，并阐明了牛顿的理论谬误，进而语带恶意地对这位剑桥教授大加贬损。随后又给牛顿去信通告了会议详情，并傲慢地指点了学术上的错误。牛顿被暂时击倒了，无法反驳，也不作回复。志得意满的胡克还要在牛顿伤口上撒把盐，他又去信表示安抚，声称以后还要多交流，皇家学会很需要牛顿这样的人才。

按理说，胡克这一次确实是在学术上的论战中击败了牛顿。但是，首先，胡克胜之不武，一来是牛顿久疏战阵不经意露出了破绽，二来是胡克得出椭圆轨道是从伽利略的运动理论和开普勒的速度定律引导出来的，结果虽然正确，但是公式运用不当、数学推导有误，只能算误打误撞。其次，在学会会议上违背承诺、公开私信，并当众折辱牛顿，实在为学者们所不齿。

宿敌助力

牛顿这次吃了哑巴亏，没法还手，只得自己生闷气。胡克的卑劣行径倒还在其次，重要的是他没法原谅自己在引以为傲的行星运动研究领域犯了这么低级的错误。对学术真相的探求，远胜过世间一切纷扰与杂念。牛顿下定决心，一定要把行星运动的一些相关理论研究个明明白白，不只为解决和胡克的争端，更为了自己的信念。

胡克的理论漏洞百出，但是却无意中指明了一个正确的方向：假想从足够高的地方自由落体的轨迹是椭圆形，行星绕太阳的轨迹通过观测也是椭圆形，这两种运动如果用数学公式推导出来会发现，它们都遵循平方反比律，那么影响地球上物体坠落的重力和维持太空中的行星运转的引力是同一种力。胡克的攻击把牛顿带到了一个正确的起点，才会有后来一步步的推理演进，形成伟大的“万有引力定律”。一生的宿敌在关键时刻帮了牛顿一个大忙。

于是，牛顿就此开展了潜心钻研。早在十多年前，他就已经推导出了圆形运动的平方反比律的数学公式，随后他用自己发明的微积分算法证明了行星以椭圆轨道绕太阳运行时，也必须遵循平方反比律。接着，牛顿把从行星远日点开始在轨道上运行的每一个点的数学公式都推导出来。仅仅这一步，就是胡克之辈无法完成的任务。

彗星出场

此时牛顿已经在宿敌胡克歪打正着的帮助下走在了正确的道路上，还要经过一系列的攻坚克难才能终成正果。第二个跳出来帮忙的是久未露面的老朋友——彗星。

1680 年 11 月，彗星再次划过欧洲的夜空。这无疑是科学家们的盛事，同一个夜空下，众多的学者聚集在望远镜前。其中包括皇家学会秘书胡克，初出茅庐的年轻学者哈雷，皇室天文学家弗拉姆斯蒂德，当然不会少了在剑桥大学三一学院个人寓所小院里裹着毛毯的牛顿。

在此期间，牛顿通过剑桥的同人和弗拉姆斯蒂德取得了联系，并得到了大量彗星的观测数据，也和哈雷等年轻后辈展开了热烈的交流。这时牛顿和其他科学家们一样，还没意识到彗星也和行星一样受到太阳的引力，而且也有自己的运行轨道。

1682 年初秋，天空再次出现一颗彗星。牛顿马上着手收集全欧洲科学家的观测数据，这些数据不仅来自格林尼治天文台的弗拉姆斯蒂德、巴黎天文台长卡西尼、皇家学会的学者、欧洲大陆其他科学家，甚至还包括那位童年和牛顿在教堂后面打架的、后来移居美国马里兰州的阿瑟·斯托勒。

这些庞大的资料让彗星的运动轨迹逐渐清晰起来，最后牛顿终于运用自己的执着钻研精神和超凡的数学能力得出了结论：彗星和行星一样受到太阳的引力，和月球围绕地球的运行轨道一样是椭圆形，并且都遵循平方反比律。

提到 1682 年这颗彗星，就不可避免地说到一个人。埃德蒙多·哈雷（1656 ~ 1742），英国天文学家、地理学家、数学家、气象学家和物理学家。他生于伦敦，从牛津大学毕业后，即展现出对天文学的强烈兴趣，并在南大西洋的圣赫勒拿岛建造了临时天文台，绘制了第一个《南天星表》。他当过船长、地图绘制员、牛津大学几何学教授、皇家制币厂副厂长、皇家天文学家，是深海潜水钟的发明人。通过 1682 年的数据分析，结合前人留下的资料，哈雷发现，这颗彗星的轨道数据和 1607 年开普勒观测的、1531 年阿皮延观测的彗星轨道数据极其相似，并且出现的时间间隔都是 75 或 76 年。由此，他大胆地预测：这几次的观测数据来自同一颗彗星，它将于 1758 年

*

埃德蒙多·哈雷（1656 ~ 1742）

年底或1759年年初再次莅临地球。1758年年底，这颗彗星被一位天文学爱好者观测到了，于是人们为了纪念去世十多年的英国天文学家，正式命名它为——哈雷彗星。除了上述贡献，哈雷在牛顿出版巨著《原理》的历程中起到了至关重要的作用，可谓居功至伟。

在彗星上的研究已见成效，牛顿已经在运动轨迹方面把地球上的落体运动、月球绕地球运动、行星和彗星绕太阳运动都统一到同一个理论中，它们共同遵循平方反比律和椭圆形轨道。随即产生了一个最重要的问题：这些运动都是靠什么力来维持？如何描述？

拼图完成

在之前牛顿的“奇迹之年”里，他已经对行星运动中的力有所理解，但是引力或重力是如何作用到行星或物体上使其保持椭圆运动以及如何用数学公式表述出来，这些问题牛顿还没有想明白。在17世纪80年代，这种无接触的、没有通过某种介质的作用力观念，仍然被视为“超自然现象”。当时的主流观念是笛卡尔的机械理论，那就是将重力或引力视为一团物质或旋涡在“以太”中引发的作用。“以太”是一种看不见、无重量、无物性的物质，充满宇宙，并作为力的媒介。

牛顿对前人的理论发起质疑，并通过两项工作试图证明“以太”的不存在。首先，他用微积分算法验证了开普勒第三定律，即行星在近日点的速度最快，在远日点的速度最慢。牛顿把椭圆形轨道上的若干不同点的运动速率计算出来，结果显示，数学运算结果和观测数据完全吻合。这就意味着太空中并无“以太”这种物质存在，否则行星会受到“以太”的阻力而减缓运动速率。其次，他又设计了一系列的真空室中的钟摆实验，结果表明真空中并没有“以太”这种物质来影响钟摆的运动。

由此，牛顿开始悟到引力是有一种“超距作用”在影响着行星的运动。这种引力使星体产生相互吸引作用，并遵循力和距离的平方反比律，形成了椭圆形轨道。同样，引发地面上的自由落体运动的重力也遵循上述规律和轨道。紧接着，自 1665 年以来 20 年研究的所有数据、公式、算法、假说、实验，像一块块拼图碎片在脑海里逐渐相互吸引、彼此连接，继而各自归位，组成了一幅巨型图画——“万有引力定律”。该理论把太空的行星、彗星、月球的运动和地面上的自由落体运动统一在一起，引力与重力共同遵循一个运动规律。而且，之前所有的疑问点几乎都随之迎刃而解，直到这时，那个“苹果”才算真正落地。于是，牛顿开始把所有涉及的力与运动的心得撰写出来，只是还没有形成系统的论文，更没有完成著作的出版。至于那本伟大巨著的出版还要感谢一次意外的赌约。

咖啡馆的赌约

1684 年 1 月，在一次皇家学会例会后，胡克、雷恩和哈雷聚在咖啡馆里侃侃而谈。当哈雷提出关于行星轨道的疑问时，胡克不屑一顾地给出了“椭圆轨道”的答案。哈雷自然也知道是椭圆轨道，随后他抛出了真正的疑问：“如果引力使行星按椭圆轨道运行，那么用什么方法来证明呢？”

“用数学公式推算啊！”胡克仍旧一副胸有成竹的样子，“我早就算出来了！”

哈雷睁大了双眼，兴奋地站起身，说道：“真的吗？快给我看看！”

雷恩也表示出极大的兴趣来，随声附和道：“怎么不早说，拿来看看。”

胡克却故弄玄虚，摆摆手示意哈雷坐下，小声说道：“现在还不能公布出来，否则被别人看到就泄露天机咯！”

哈雷一脸茫然，老道的雷恩却已看出胡克又在夸夸其谈，于是微微一笑说道：“这样吧，我这儿有本价值40先令的书，你们谁在两个月内发表出可信的数学推导证明，书就归谁。”

要知道在当时这个价位的书也算价值不菲，于是兴奋异常的哈雷和虚张声势的胡克都认同了这个赌约。谁知，两个月过去了，没有任何动静。胡克自然是拿不出任何论证方法，很快就把这事抛之脑后了。转眼冬逝春来，春去夏至，年轻的哈雷坐不住了，他找到了雷恩。提起之前的赌约，雷恩一笑了之，他只是将胡克一军，早就知道胡克根本做不到。但是看到哈雷对学术如此执着，甚是欣慰，于是说道：

“你要真想解开这个难题，只能找一位数学奇才来帮忙。”

“您快说，是谁？”哈雷一下来了精神。

“此人是剑桥大学的‘卢卡斯讲座’教授。”雷恩笃定地回答。

“哈，我知道了，牛顿。”

《原理》将成为一座永垂不朽的深邃智慧的纪念碑，
它向我们展示了最伟大的宇宙定律，
是高于人类一切其他思想产物之上的杰作，
这个简单而普遍定律的发现，
以它囊括对象之巨大和多样性，
给予人类智慧以光荣。

——

拉普拉斯

（法国数学家、物理学家）

第十章

1687

巨著诞生

1687 年某日

剑桥大学牛顿工作室

午后两点已过，助手汉弗莱走到餐厅，发现桌上的饭菜根本没有动过，就知道牛顿教授又忘记吃饭了。汉弗莱来到工作室，看到牛顿还在伏案工作，乱蓬蓬的头发愈见花白，常年熬夜导致眼圈乌青、面无血色。听到助手的提醒，牛顿才抬起头来眯着眼睛问道："我没吃午饭吗？"得到确定的答复后，牛顿恋恋不舍地从桌前挪开，手里依旧拿着几张手稿，趿拉着没有系带的靴子，一边看着稿子一边往外走。汉弗莱一转头看到教授没有去餐厅，竟然径直向大门走去，随即喊道："先生，餐厅在这边！"牛顿"哦"了一声，若有所思地慢慢踱回来。让人哭笑不得的是，他竟没有转去餐厅，又回到书桌前，开始写写画画。

哈雷妙计

哈雷有着如牛顿一样对探求未知的执着精神，经雷恩教授的指点，他想起了那位高深莫测的剑桥教授。于是他马上动笔写了一封热情、谦卑的信，请教牛顿关于行星轨道的论证问题，以及是否方便登门拜访。写完后刚要发走，哈雷突然想起雷恩在咖啡馆门口分别时的叮咛，他特意强调"牛顿性格孤傲，请教他一定注意方式方法"。哈雷幡然醒悟，自己和牛顿交情尚浅，又鉴于牛顿和胡克以及在皇家学会此前的纠葛不断，这封信寄过去很可能被婉言拒绝。哈雷思来想去，决定使一招让牛顿措手不及的"反客为主"。

1684 年 8 月的一天上午，牛顿还在工作室里埋头研究，刚来不久的助手汉弗莱敲门说道："先生，有位伦敦来的哈雷先生来访。"牛顿一时没有反应过来，一位面容清秀、身材修长、神采奕奕的年轻学者模样的人已经站在门口。牛顿把来客让至会客室，攀谈起来。牛顿终于想起来了，前几年在皇家学会和哈雷有过几次会面，在观测彗星的时候也曾经书信沟通过。牛顿对哈雷的印象很好，他的聪颖、好奇、执着，很像自己年轻时的样子。哈雷此刻并没有直接说明真实来意，而是表示自己来剑桥看望一个朋友，并小住一段时间，顺路来拜望牛顿。

简短的交谈后，哈雷随即起身告辞。这又是哈雷的一招"欲擒故纵"之计。他想，如果一上来就直奔主题，牛顿没准会倍加警惕，甚或拒之门外。心急吃不了热豆腐，先培养培养感情再说。于是，接下来的几天里，哈雷经常装作不经意地顺路造访，交谈内容也只是聊聊自己在航海中和天文台的见闻，言谈间屡屡表示对牛顿的学识崇拜有加。牛顿并没有多想，和这个语言风趣、温文尔雅的年轻人相谈甚欢，大有春风拂面的舒适感。

这一番准备工作做足后，哈雷逐渐把谈话引入正题。在一个炎热的午后，两人在工作室里闲谈，哈雷一边在书架前浏览着藏书，一边谈起前两年的彗星，突然漫不经心地问道：

“先生，您知道彗星的运行轨道是什么形状吗？”

“椭圆形啊。”牛顿头都没抬，随口答道。

“哦，”哈雷继续按计划进一步问道，“那么椭圆形轨道如何论证呢？”

“数学推导啊，我算过。”牛顿依旧没有抬头，手上继续忙着写自己的文稿。

哈雷强压住兴奋之情，谨慎地问道：“是吗？我能看看吗？”

“当然可以。”牛顿不假思索地站起身来，到另一个桌子的抽屉里翻找起来。

牛顿翻来翻去，突然顿了一下，接着说道：“手稿一时找不到了，等我再写一份给你寄到伦敦吧。”

“好的，那我就等您的消息了。”哈雷表示告辞，还不忘抛下一句，“我就知道您能帮我解决这个难题，不像那位秘书大人总是说到做不到。”

辞别牛顿后，次日一早，哈雷带着狂喜和忐忑离开了剑桥返回伦敦。他想着最后这两招“抛砖引玉”和“激将法”应该起到作用了，剩下的就交给天意吧。哈雷这次拜访也真是用尽了心思，凭借如中国古代兵法一般的谋略和拆弹专家般的小心翼翼，应对这位脾气古怪的教授。其实，哈雷不知道，手稿就在那个抽屉里，只不过牛顿向来谨慎的性格让他没有直接交给哈雷。此前两次被胡克打击，正是源于自己在学术上的不严谨，所以这一次他要好好斟酌一番。

牛顿在剑桥反复推敲、仔细打磨，哈雷在伦敦如坐针毡、度日如年。转眼已到年底，一封重量级的信终于如约而至，送到了哈雷手里。这是一份9页纸的拉丁文论文《论星体的轨道运行》。

这篇论文的价值远不止于解答哈雷的小问题。文中不仅解释了引力平方反比律和椭圆轨道的推算过程，进而详细地用微积分算法推导并验证了开普勒三定律，要知道此前的那些定律只是根据实际观测数据得出的，并没有人能真正推导论证。这篇论文就是后来那部巨著的引子和雏形。哈雷大喜过望，兴奋得从椅子上跳了起来。他拿起手稿，来不及准备行装，飞也似的冲上马车，向剑桥奔去。

哈雷赶到剑桥大学会见牛顿，这一次，他再没有什么遮遮掩掩，彻底敞开心扉表明了论文的价值无与伦比，以及希望在皇家学会上公布的迫切心情。牛顿被这个年轻人的诚意和执着深深感动了，在学术圈这些年接触的学者中还没有一个像哈雷这样表现出对学术单纯的、没有私心的执念，以及对学者得体的礼貌和尊重。

牛顿欣然同意，哈雷快马加鞭赶回伦敦，在12月10日的皇家学会例会上，哈雷宣读了这篇论文。蛰伏已久的剑桥教授再次惊艳众人。与会学者们被牛顿震惊了，并当场决议征询作者的意见，准备正式发表这篇论文。

哈雷又马不停蹄地赶往剑桥通知牛顿这个消息，可牛顿却平静地表示不准备发表这篇论文。这下，哈雷好似被泼了一盆冷水，沮丧之情溢于言表。他马上苦心相劝，说明论文不发表是学术界乃至全人类的损失。牛顿微微一笑，说道："这篇论文放一放，我正在筹备写一部更完备、更系统的，囊括我这些年所有研究成果的书。"

哈雷双眼放光，紧紧抓住牛顿的双手，说道："太好了，先生，我会倾尽全力助您一臂之力！"

"一言为定！"牛顿也重重地握了握哈雷的手。

此刻，万事俱备，只待巨匠步入辉煌。

牛顿这几年一直在默默筹划自己的论著，20 年的不停探求，一系列的研究、实验、观测、演算逐渐融会贯通，是时候把这些领悟集结成书了。再加上哈雷此番往返奔波的辛苦和诚意，点亮了牛顿逐渐远离学术圈的黯淡之心。他一下子又找回"奇迹之年"那 18 个月的激情和信仰，再次进入了忘我的状态去完成那部伟大的巨著。

焚膏继晷

自 1685 年开始，助手汉弗莱就没见过牛顿教授好好睡过一次觉、踏实吃过一次饭。牛顿大部分时候都工作到凌晨两三点，偶尔会熬到五六点才就寝，天气好的时候连卧室都不回，就在工作室里和衣而睡。说到吃饭更是敷衍了事，牛顿经常忘记吃饭，直到经助手提醒才象征性地吃上几口就转头回去工作。有一次，汉弗莱提醒他该吃饭了，牛顿出门径直走向了院子里，汉弗莱赶紧提醒他，结果牛顿迷迷瞪瞪地转回身，却并没有走去餐厅而又走回了工作室开始忙碌。有时候，牛顿难得在院子里一边踱步一边苦苦思索着，突然大喊一声"我明白了"，然后快步跑回工作室，连椅子都来不及拉开就站在书桌前弯腰奋笔疾书。

助手汉弗莱并不知道这位教授从事的工作有多么伟大，但也能领略到他那废寝忘食、焚膏继晷的刻苦钻研精神。在后来有人询问汉弗莱当时的情况时，他这么形容道：

> "我从来没见他做过任何运动或休闲活动，他既不骑马、散步，也不玩滚木球或其他运动。他几乎不离开书房，好像一分钟不做研究就要损失几小时的宝贵光阴似的。"

我们当今的读者自然没有机会像汉弗莱那样近距离地接触巨匠的生活，也无法想象一个人对一项事业全情投入到呕心沥血的状态，但我们如果有机会瞻仰、拜读甚至钻研那部巨著，一定会感叹于牛顿的奋斗精神。

又是将近18个月的"奇迹之年"，新的奇迹已现端倪。1686年春，牛顿将此前的9页论文扩充为篇幅长达500多页，包含200余项定理、命题与推论的《自然哲学的数学原理》（以下简称《原理》）。

《原理》一书由一篇导论和三卷正文组成。导论的内容是提出了三个命题，也就是我们现在熟知的牛顿三大运动定律。

1. 牛顿第一运动定律（惯性定律）：孤立质点保持静止或做匀速直线运动，直到受到外力而改变。
2. 牛顿第二运动定律：质点在外力的作用下，其动量随时间的变化率同该质点所受的外力成正比，并与外力的方向相同。
3. 牛顿第三运动定律（作用和反作用定律）：相互作用的两个质点之间的作用力和反作用力总是大小相等，方向相反，作用在同一条直线上。

第一卷内容源自此前那篇 9 页的论文，主要从抽象数学层面解释了行星轨道和平方反比律方面的问题。

第二卷主要驳斥了笛卡尔等人的“以太”和“旋涡”理论，引入了重力这种概念来解释宇宙的运动规律。

第三卷是重中之重，其中将伽利略的地面上的力学和开普勒的定律统合起来，提出了伟大的万有引力定律。

这是一部牛顿倾尽毕生心血之作，然而在巨著大体成形、即将问世之际，命运之神又要跳出来捣乱了，旷世之作成为经典之前注定还要经历一点波折。

一波三折

当牛顿在剑桥的工作室里两耳不闻窗外事、安静埋头著书时，伦敦方面可一点都不平静。1685年2月，国王查理二世暴毙，整个英格兰陷入人人自危的气氛中，人们担心国王的弟弟詹姆士二世会把英国变成天主教国家。一时间政局动荡，几乎要再次发生内战。皇家学会也不能幸免，学会主席受新王之召赶赴宫廷供职，学会处于群龙无首的状态。皇家学会的运作资金也由于王室的变动而捉襟见肘。哈雷的日子也不好过，这期间他由于经济困难，被迫辞去了皇家学会的院士身份，改任学会干事一职。

所以，在1686年5月，哈雷终于接到牛顿送来的前两卷手稿时，心里五味杂陈。一方面，对牛顿的著作叹为观止，另一方面，基于眼下的学会现状，想要顺利出版肯定会困难重重。带着这种复杂的心情，哈雷把牛顿的论著在学会会议上作了宣读与展示，并且找到了时任学会副主席的威廉森，表明此篇论著之伟大、发表出版的意愿之坚决。哈雷通过和副主席及几位理事会成员的斡旋，成功地说服理事会同意了出版意向。

接下来面临一个严峻问题——资金。此时皇家学会本就资金紧张，雪上加霜的是，前不久刚刚出版了一部博物学家威洛比的著作《鱼类的历史》，而此书出版后证明几乎没有市场价值，根本无法回笼资金。哈雷凭着一腔之勇向副主席表示，愿意将自己的薪酬捐出来作为出版费用。好一个热心、执着、无私、勇敢的年轻学者！理事会被哈雷破釜沉舟的气势感动了，一方面坚决支持出版计划，另一方面也决定把没有售出的书籍补偿给哈雷。于是，后来的皇家学会里出现了这样有趣的场景：

其他工作人员领薪水的日子里，哈雷却抱回一摞《鱼类的历史》。

哈雷凭一己之力马上就要促成巨著的诞生，这时候，老对手胡克不出意外地跳出来搅局了。

看到牛顿的手稿，胡克当然能看出这将是震动学术界的巨著，自己也已没有能力和牛顿抗衡，但还是酸酸地宣称牛顿的理论之中有一部分是源自早年胡克在二人交流的信件中提到的运动椭圆轨迹及平方反比律。在哈雷为了出版忙前忙后时，胡克屡屡当面或背地里强调自己的功劳没有被牛顿提及的事。

哈雷出于谨慎考虑，为保万无一失，在给牛顿的信里相当委婉地提到“胡克先生对于重力与距离平方反比的定律有意见。他说您是从他那儿得来的概念，尽管他也承认计算出来的曲线完全属于您的发明。这些话有多少是真实的，您自己最清楚，同样，也只有您自己知道如何处理此事，只是胡克先生似乎希望您在序言里做点声明。”

哈雷还是没能百分之百了解牛顿的执拗脾气。牛顿收到信后马上就做出了处理：非但没有增加对胡克的致谢或声明，而是把文中所有提到的胡克名字统统删除。诚然，在牛顿的理论发展过程中，胡克确实起到了一点启发作用，但是牛顿说过的“巨人的肩膀”可以是伽利略的，也可以是开普勒的，绝不会是他胡克的！胡克在这些年的所作所为是牛顿所不齿的，自己的旷世巨著岂容胡克来指手画脚！牛顿真的怒了，越想越生气，他的执拗脾气上来了，于是满怀激愤之情给哈雷回信声称：

> “对于第三个单元（即第三卷书稿），我现在决定将其压下。哲学犹如一个好争且无礼的女人，一个男人情愿打官司也不愿与她发生纠葛。”

这下轮到哈雷慌了手脚，这个马蜂窝捅得真不是时候。想着这几年的辛苦不能功亏一篑，他赶紧去找雷恩商量办法。在雷恩的指点下，哈雷赶紧给牛顿回了一封安抚的信，表示“我为此事由衷感到抱歉，全人类都应该知道他们亏欠于您，却给您带来不安和烦恼，以致用女人来譬喻，而且出版一事因此作罢……您的敌人妒忌您的幸福，致力于扰乱您的安宁。我请您再三考虑，希望您看清大局，改变此前压下第三卷的决定”。接下来说明雷恩和学会的其他学者们都支持牛顿，认为胡克是在自欺欺人，明确表示“我发觉他们都有相同的意见，一致认为既然没有出版物对此有过记载，学会的记录中也从未出现过，那么您就应当被认定为发明者。如果他真的比您先知道，他就不该责怪别人，而只能责怪自己”。

“心理医生”哈雷开出的药好歹算是奏效了。1687年4月，牛顿的第三卷手稿交到了哈雷手中。哈雷立刻回信宣称“全世界都会为您能够如此深入地参透自然的奥秘而骄傲，人类的智慧都会因这杰出的思想而升华至更高的境界”。

《原理》出版

1687年7月5日，《自然哲学的数学原理》以精美的皮革装帧惊艳亮相。学术界的赞美之词从当年一直持续到近现代。

> 哈雷写道："没有凡人比他更接近上帝。"
>
> 法国天文学家拉格朗日宣称："牛顿不仅是最伟大的科学家，也是最幸运的，因为宇宙只有一个，而牛顿发现它的奥秘。"
>
> 法国数学家拉普拉斯说道："《原理》将成为一座永垂不朽的深邃智慧的纪念碑，它向我们展示了最伟大的宇宙定律，是高于人类一切其他思想产物之上的杰作，这个简单而普遍定律的发现，以它囊括对象之巨大和多样性，给予人类智慧以光荣。"
>
> 现代天体物理学家钱德拉塞卡审阅《原理》后说："所谓伟大科学家的发现，常人虽然难以企及，但不难想象自己也能做到——人们会说'我也可以做到，只是我比较笨而已'。一般的科学家也会认为，并不难想象自己获得伟人的成就。但我想任何科学家都无法想象自己能够像牛顿一样。"

《原理》最惊人的一次飞跃即是牛顿从地球对苹果的引力一跃到宇宙中的万物彼此吸引。所有物体都受到引力影响，引力无处不在。这就是"万有引力"理论，描述它的数学公式和其理论内核一样的简单而美妙。太阳牵引着地球，地球牵引着月球，而与此同时，地球上的小石子也在牵引着月球、太阳，甚至数千光年以外的一颗不知名的星体，整个宇宙被一个看不见的引力之网结合在一起，彼此拉扯。“拾起地球上的一朵花，”物理学家保罗·狄拉克曾说，“你就拉动了最遥远的星星。”

《原理》发行之初，很少有人能迅速领悟其中的革新实质，就像达尔文的《物种起源》和爱因斯坦的狭义相对论及广义相对论刚刚问世时人们未能完全了解一样。该书首次发行后的10年间，第一版销量不超过100套，可是到如今，《原理》已经发行超过100版，它的译本几乎囊括了这个星球上的每一种文字。

《原理》的伟大意义还在于为力学研究奠定了基础，在其后的一个世纪内，引发了改变人类文明进程的工业革命，将人类从黑暗拉向光明，迈入科技时代。同时，《原理》还使人类对宇宙认识发生革命性的转变，进而对科学产生了影响。牛顿将物理学从宗教和哲学中抽离出来，形成一个新的知识领域，在一个多世纪后产生了“科学”的名词。基于牛顿的理论基础，才有后来的电磁感应、量子理论、相对论等一系列伟大发现。

总之，对《原理》以及牛顿的丰功伟绩，再多的溢美之词也不为过。17世纪的自然哲学家们在黑暗中找到一段段路径，搭起一级级阶梯，及至触碰甚至撼动了通往宇宙奥秘的那扇大门。大门上写着“现代科学”，而最终奋力推开这扇光明之门的是一个英国人——艾萨克·牛顿。

尾声

《原理》出版后，牛顿已立于学术之巅，在随后的40年人生历程中，开始接触了不同于学术圈的别样人生，其中同样不乏坎坷和辉煌，让我们简单领略一下牛顿的后期生涯历程：

1688 年	作为剑桥大学代表，荣任国会议员；
1693 年	出现短暂的精神崩溃；
1696 年	4 月离开剑桥大学，迁居伦敦，转向政界发展；
1696 年	5 月就职皇家造币厂厂长，锐意改革，管理高效，打击不法；
1703 年	11 月 30 日当选皇家学会主席；
1704 年	另一部巨著《光学》出版；
1705 年	5 月由安妮女王册封爵士；
1722 年	患肾结石、膀胱病、痛风症，健康每况愈下；
1724 年	辞去造币厂和皇家学会职务，移居伦敦西郊肯辛顿；
1727 年	3 月 31 日病逝于伦敦，4 月 4 日葬于威斯敏斯特教堂。

1727 年 4 月 4 日，牛顿的遗体运往威斯敏斯特教堂下葬，当世名流为其扶棺，社会各界赶来送葬。当时在伦敦访问的法国启蒙思想家伏尔泰目睹了万人空巷的盛大场面，不由感慨道："他就像一位爱民如子的国王般被安葬。"

一生执着，一路坎坷，至此画上句号。如何评价牛顿的人生？

牛顿出身平凡，少年困苦，却凭着对知识的渴望走上了科学研究之路。他几乎凭着一己之力在17世纪末至18世纪初的混乱时代中，在光学、力学、数学、哲学等众多领域里，创立了划时代的一系列伟大理论。他是现代科学的奠基人，也是后世科学研究者的引路人。基于他的理论，才有了一代又一代学者在此之上不断添砖加瓦，形成了如今的科学体系。在爱因斯坦的书房里，摆放的三幅肖像分别是牛顿、法拉第和麦克斯韦。这也彰显了科学领域的伟大传承。如果要问牛顿怎么评价自己的功绩，不妨就引用他晚年说过的一段话作为总结：

> 我不知道世人如何看待我，但对我自己而言，我似乎只是一个在海边玩耍的小男孩，时而因发现与众不同的一颗更光滑的石子或一个更漂亮的贝壳而沾沾自喜，但伸展在我面前的却是一片未知的、壮阔的真理之海。

*

牛顿之墓位于威斯敏斯特教堂的“科学家之角”。石棺上方为牛顿斜卧姿态的塑像，他右肘支着系列著名著作，左手指向一幅由两个天使展开的卷轴，下方浮雕表现的是他的几项重要成就

后记

当我们的读者，特别是少年朋友，合上书页的时候，是否会在脑海里浮现出牛顿那精彩的十年，乃至波澜壮阔的一生？如果从牛顿的生涯里提炼出一个关键词，那么应该是——执念。除了和其他伟大科学家共同拥有的聪颖、好学、刻苦、勤奋等优点，牛顿还拥有无与伦比的、对事业专一的执着信念。诚然，我们绝大多数人做不到巨匠的伟大成就，但同样可以拥有宝贵的执念，让自己的人生更有意义。

你们是否还会在脑海里浮现出伴随牛顿一生的人们？和蔼可亲的药剂师克拉克，银发苍苍的斯托克斯校长，慧眼识珠的巴罗教授，心胸宽广的奥尔登伯格，足智多谋的哈雷，老成持重的雷恩，还有自负善妒的胡克，他们一起绘制出17世纪老师、学者和自然哲学家的群像。我们感慨于他们对宇宙自然的好奇，对学术研究的痴迷，以及对后辈学子的提携。

在中国科幻小说家刘慈欣的短篇小说《乡村教师》里，有这样的情节：

> 崇尚科学教育的乡村教师李宝库在弥留之际，把牛顿三大定律教给了村里的四个孩子。
>
> 与此同时，数百光年外，一场持续两万多年，涉及整个银河的战争即将结束。获胜的碳基联邦为了防止敌人硅基帝国死灰复燃，决定以制造横跨数百光年的恒星空白地带来囚禁对手。这也意味着归属这些恒星的行星以及行星上的生命将要灭亡，而逃过这场灭顶之灾的条件就是该星球上的生命已经具备足够的文明水平并加以证明。
>
> 李宝库不会知道自己的四位学生恰恰作为地球的代表被选为碳基联邦文明等级测试的询问样本。他更不知道，正是因为自己刚刚让学生们背下来的牛顿三大定律而通过了测试，最终从碳基联邦的除星行动中拯救了地球文明，以及整个太阳系。

小说情节虽属虚构，但是说明一个道理：少年们，不要轻视科学，而要拥抱科学，科学知识不只是参加考试的必要技能，也可能塑造你正确的世界观、人生观和价值观。

21 世纪的少年们，你们也会仰望星空，因为那里仍有无限奥秘；你们也应热爱科学，即便不会成为科学工作者；你们也该充满好奇，因为那是人类进步的原动力；你们也必须抱定执念，因为你们都是有梦的少年。

图书在版编目（CIP）数据

牛顿 / 张燕波编著. -- 北京：中国青年出版社，2021.1
（杰出人物的青少年时代）
ISBN 978-7-5153-6277-9

Ⅰ.①牛… Ⅱ.①张… Ⅲ.①牛顿（Newton, Issac 1642-1727）-生平事迹-青少年读物 Ⅳ.①K835.616.11-49

中国版本图书馆 CIP 数据核字（2020）第 262896 号

总策划：皮钧 陈章乐
责任编辑：彭岩
封面设计：小马哥
出版发行：中国青年出版社
社址：北京东四十二条 21 号
邮政编码：100708
网址：www.cyp.com.cn
门市部：010-57350370
编辑部：010-57350407
印刷：北京科信印刷有限公司
经销：新华书店
开本：880 × 1230 1/32
印张：5.25
字数：80 千字
版次：2021 年 1 月北京第 1 版
印次：2021 年 1 月北京第 1 次印刷
定价：28.00 元